GRUNDRISS ZU VORLESUNGEN

ÜBER DIE

NSTITUTIONEN UND GESCHICHTE

DES

RÖMISCHEN PRIVATRECHTS.

VON

C. F. A. KOEPPEN.

STRASSBURG.
VERLAG VON KARL J. TRÜBNER.
1879.

Buchdruckerei von G. Otto in Darmstadt.

EINLEITUNG.

§. 1. I. Die Reception des römischen Rechts in Deutschland.
§. 2. II. Gegenstand der Vorlesung.
§. 3. III. Literatur.
§. 4. IV. Anordnung der Darstellung.

ALLGEMEINER THEIL.

ERSTES BUCH.

DAS OBJECTIVE RECHT.

ERSTES CAPITEL.

Von der Natur und Entstehung des Rechts überhaupt.

§. 5. I. Begriff und Quellen des Rechts (P. §. 5–6*).
§. 6. II. Die einzelnen Rechtsquellen (P. §. 12—14).
1. Gewohnheitsrecht (P. §. 16).
§. 7. 2. Gesetzliches Recht (P. §. 17).
§. 8. III. Die Rechtswissenschaft (P. §. 15, 18, 35).
§. 9. IV. Gegensätze im Recht (P. §. 10, 31).

* Hinweis auf die entsprechenden Paragraphen in *Puchtas* Cursus der Institutionen.

ZWEITES CAPITEL.

Von der Entstehung des römischen Rechts.

ZWEITES BUCH.

DIE SUBJECTIVEN RECHTE.

ERSTES CAPITEL.

Von den Subjecten der Rechte.

ZWEITES CAPITEL.

Von den Objecten der Rechte.

DRITTES CAPITEL.

Von der Entstehung und Endigung der Rechte.

VIERTES CAPITEL.

Vom Schutz der Rechte.

SPECIELLER THEIL.

ERSTES BUCH.

DAS SACHENRECHT.

ERSTES CAPITEL.

Der Besitz.

ZWEITES CAPITEL.

Das Eigenthum.

DRITTES CAPITEL.

Die Servituten.

VIERTES CAPITEL.

Die Emphyteusis und Superficies.

FÜNFTES CAPITEL.

Das Pfandrecht.

ZWEITES BUCH.

DAS OBLIGATIONENRECHT.

ERSTES CAPITEL.

Begriff und Inhalt der Obligation.

ZWEITES CAPITEL.

Entstehung der Obligation.

DRITTES CAPITEL.

Aufhebung der Obligation.

DRITTES BUCH.

DAS FAMILIENRECHT.

ERSTES CAPITEL.

Die Ehe und das Eltern- und Kindesverhältniss.

ZWEITES CAPITEL.

Die Gewaltrechte.

DRITTES CAPITEL.

Das Patronatrecht und die Vormundschaft.

VIERTES BUCH.

DAS ERBRECHT.

ERSTES CAPITEL.

Allgemeine Lehren.

ZWEITES CAPITEL.

Die Erbfolge.

ERSTER ABSCHNITT. DIE INTESTATERBFOLGE.

ZWEITER ABSCHNITT. DIE TESTAMENTARISCHE ERBFOLGE.

DRITTER ABSCHNITT. DIE NOTHERBFOLGE.

DRITTES CAPITEL.

Der Erwerb der Erbschaft.

VIERTES CAPITEL.

Der Schutz des Erbrechts.

FÜNFTES CAPITEL.

Die Vermächtnisse und mortis causa capiones.

SECHSTES CAPITEL.

Dem Erbrecht analoge Rechte.

DIE QUELLEN DES RÖMISCHEN RECHTS.

(§. 14 bis §. 22.)

(STATT HANDSCHRIFTLICHER MITTHEILUNG AN DIE ZUHÖRER.)

I. Quellen des römischen Rechts bis auf Justinian.

§. 14.

1. Leges.

Leges waren die Beschlüsse des römischen Volkes in den *comitia curiata, centuriata* und *tributa,* durch welche Rechtsvorschriften aufgestellt wurden. Nach diesen drei Formen der Volksversammlung theilten sie sich in *leges curiatae, leges centuriatae* und *plebiscita.*

Die Beschlussfassung der Comitien setzte eine *rogatio legis* voraus: der vorsitzende Magistrat musste ihnen einen fertigen Gesetzentwurf, der zuvor drei Wochen lang öffentlich ausgehängt war, vorlegen und sie über die Annahme desselben befragen *(legem ferre s. rogare).* Die Comitien hatten keine Gesetzesinitiative. Sie konnten den vorgelegten Entwurf nicht abändern oder ihm einen andern substituiren, sondern nur durch Abstimmung annehmen oder verwerfen. Diese Abstimmung erfolgte mit den Worten *uti rogas* oder *antiquo.*

Die *lex perlata* d. i. das angenommene Gesetz trat nicht erst mit der Publication, sondern von selbst in Kraft. Alle Gesetze wurden aber auf Tafeln, ursprünglich von Holz später von Erz, aufgezeichnet, eine Zeit lang auf dem Forum aufgestellt und dann im Archiv *(tabularium)* deponirt.

Nach dem Amt des Magistrats, der als *rogator s. lator legis* ein Gesetz bei den Comitien beantragte, wurden die angenommenen Gesetze als *leges regiae, tribunitiae cousulares* u. s. w. bezeichnet. Während des Consulats wurde es Sitte, sie nach dem Gentilitätsnamen des Rogators und die von den Consuln gemeinschaftlich beantragten Gesetze nach beiden Consuln zu benennen, z. B. *lex Valeria et Horatia.*

Die einzelnen Bestimmungen einer *lex* waren im befehlenden Imperativ oder Conjunctiv gefasst. Der Theil des Gesetzes, welcher die Folgen seiner Verletzung bestimmte, hiess *sanctio legis*. Nach der *sanctio legis* schieden sich die privatrechtlichen Gesetze, die etwas gebieten oder verbieten, in *leges perfectae, minus quam perfectae* und *imperfectae, Ulpian. fragm. 1. §. 2.*

1. *Leges perfectae* sind Gesetze, welche die Handlung *contra legem* für nichtig erklären: z. B. die *lex Genucia,* welche den Zinscontract verbot.

2. *Leges minus quam perfectae* sind Gesetze, welche die Handlung gegen das Gesetz nicht mit Nichtigkeit, sondern nur mit Strafe bedrohen: z. B. die *lex Furia* beschränkte die Vermächtnisse auf eine gewisse Summe; das hinterlassene grössere Vermächtniss soll nicht nichtig sein, aber wer es annimmt, soll zur Strafe das *quadruplum* restituiren.

3. *Leges imperfectae* sind Gesetze, welche keine *sanctio legis* enthalten, weil über die Ausführung des Gesetzes im einzelnen Fall das Ermessen des Magistrats nach den concreten Umständen entscheiden soll: z. B. die *lex Cincia* verbot Schenkungen über ein gewisses Mass, um übereilte Schenkungen zu verhüten; grössere Schenkungen sollen nicht unbedingt nichtig sein, sondern der Prätor soll in *concreto* entscheiden, ob sie als leichtsinnige aufzuheben, oder ob sie, weil sie als übereilte nicht betrachtet werden können, aufrecht zu erhalten sind.

Das älteste römische Recht war kein gesetzliches Recht, sondern Gewohnheitsrecht: *ius non scriptum.* Das bestehende Gewohnheitsrecht erfuhr aber schon in der Königszeit Abänderungen durch *leges.* Die meisten *leges* sind aus der Zeit der Republik. Auch unter den ersten Kaisern dauert noch die Gesetzgebung der Comitien fort; nach Kaiser *Nerva 96 p. Chr.* kommt aber keine *lex* mehr vor.

I. Die *leges* unter den Königen waren *leges curiatae.* Sie wurden vom Könige oder dessen Vertreter *(tribunus celerum, custos urbis, interrex, pontifex maximus)* nach vorgängiger Berathung im Senat vorgeschlagen und vom Volke in den *comitia curiata* beschlossen.

Die alten Schriftsteller nennen diese Gesetze *leges regiae.* Sie citiren sie mehrfach, zum Theil den Worten nach in alterthümlicher Sprache, schreiben sie dem Romulus, dem Numa, dem Servius Tullius oder einem der andern Könige zu und erzählen, dass unter dem letzten Könige Tarquinius Superbus ein *pontifex maximus* Papirius eine Sammlung der *leges regiae* gemacht habe, die nach ihm *ius civile Papirianum* genannt wurde. Zu Cäsars Zeit schrieb der Jurist Granius Flaccus einen Commentar zu dieser Sammlung: *liber de iure Papiriano. l. 2 §. 1. 2. 36 D. de O. I. (1. 2), l. 144 D. de V. S. (50. 16).*

Seit dem Anfang des 16. Jahrhunderts wurden von den juristischen und philologischen Alterthumsforschern viele Versuche zur Restitution des *ius Papirianum* gemacht durch Benutzung unzuverlässiger Notizen, durch Conjecturen und Hypothesen. Eine Zeit lang glaubte man die Gesetze des Romulus seien in ihrer ursprünglichen Gestalt auf einer ehernen Tafel überliefert, die nach ihrem angeblichen Entdecker *Marliani,* einem gelehrten Antiquar des 16. Jahrhunderts, der sie zuerst in seiner *Topographia urbis Romae lib. II. c. 8. 1534* verbreitete, *tabula Marliani* genannt wurde.

Heute ist allgemein anerkannt, dass die *tabula Marliani,* welche die Romulischen Gesetze in achtzehn kurzen Sätzen in Gestalt von Gesetzesartikeln zusammenstellte, die Nachrichten von *Dionysius* und *Plutarch* zur Grundlage hat. Es gilt ferner als unwahrscheinlich, dass das *ius Papirianum* aus der Königszeit stammt; es wird vermuthet, dass diese Sammlung frühestens im 5. Jahrh. d. St. von den *pontifices* zu patricischen Parteizwecken verfasst und, um ihr Autorität zu geben, einem Urheber aus der Vorzeit, dem Pontifex *Papirius* zugeschrieben wurde, vgl. *Dirksen,* Versuche zur Kritik und Auslegung der Quellen Abhandlg. 6. 1823. Unzweifelhaft ist es, dass das *ius Papirianum* keine Sammlung königlicher Gesetze war, sondern nur Rechtssätze enthielt, die auf alten Gewohnheiten und religiösen Gebräuchen beruhten. Es ergibt sich dies aus den Citaten der alten Autoren, die aus dieser Sammlung genommen sind. Sie handeln von Instituten, die nicht von der Gesetzgebung geschaffen werden, sondern ihren Ursprung in der Volkssitte haben, z. B. von der Einführung der ehelichen und väterlichen Gewalt, vom *ritus sacrorum* u. a.; vgl. die Zusammenstellung der Ueberbleibsel der *leges regiae* bei *Bruns, Fontes iuris rom. antiqui p. 1–12.* Wenn die alten Geschichtsschreiber diese elementaren Einrichtungen, je nachdem sie mehr juristischer oder religiöser Natur sind, auf Gesetze dieses oder jenes römischen Königs zurückführen, so hat das seinen Grund in der vulgären Vorstellung, dass das Gesetz die einzige Quelle des Rechts sei.

Von den *leges regiae,* die in der That in der Königszeit beschlossen wurden, haben wir keine speciellere Kenntniss. Es wird berichtet, Servius Tullius habe die Gesetze von Romulus und Numa neu aufzeichnen lassen und selbst 50 Gesetze über Verträge und Verbrechen gegeben, Tarquinius Superbus habe aber diese Gesetze wieder aufgehoben und die Tafeln zerstört; nach der Aufhebung des Königsthums durch die *lex tribunitia* vom *tribunus celerum* Junius Brutus *de consulari potestate* seien überhaupt alle *leges regiae* ausser Uebung gekommen, *l. 2. §. 3 D. de O. I. (1. 2).* Hiernach darf als gewiss angenommen werden, dass schon die Schriftsteller der späteren Republik weder einen authentischen Text noch sonst eine zuverlässige Kenntniss der königlichen Gesetze hatten; sie kannten nur das *ius Papirianum* und nahmen aus diesem ihre Citate.

Das römische Volk, welches in den *comitia curiata* abstimmte, bestand aus 300 *gentes*, das sind Vereine von Familien, deren Verbindung nicht mehr auf nachweisbarer Verwandtschaft, sondern auf Tradition beruhte. Ihre Mitglieder (*gentiles*) führten einen gemeinsamen Namen (*nomen gentilitium*) und hatten ihren gemeinsamen Cultus (*sacra gentilitia*); der Eintritt in eine andere *gens* setzte eine Befreiung von der Pflicht, an den bisherigen *sacra gentilitia* Theil zu nehmen, durch feierliche *sacrorum detestatio s. alienatio* voraus.

Die 300 *gentes* schieden sich nach der dreifachen Abstammung des römischen Volkes in drei Stämme mit ihrem besonderen Gebiet (*tribus*): Ramnes (Latiner), Tities (Sabiner, nach der sabinischen Stadt *Quirium* oder *Cures Quirites* genannt) und Luceres (Etrusker). In Folge eines Krieges vereinigten sich zuerst die Ramnes mit den Tities zum *populus Romanus et quirites*, dem später die Luceres zugeordnet wurden. Jede dieser drei *tribus* zerfiel in 10 *curiae* d. i. in 10 örtliche Gemeinden, welche ihren besonderen Namen, ihre Vorsteher (*curiones*), ihren besonderen Gottesdienst und ihr eigenes Versammlungshaus (*curia*) hatten. In jeder Curie waren wieder 10 *decuriae* d. i. *gentes* enthalten. So theilte sich der ganze *populus Romanus* in 3 *tribus*, 30 *curiae* und 300 *decuriae* oder *gentes*. Die mündigen röm. Bürger der 30 Curien bildeten die Volksversammlung und stimmten nach Curien ab; jede Curie hatte eine Stimme. Unmündige und Frauen durften in den Comitien nicht erscheinen. Bei den *comitia curiata* war die höchste politische Gewalt: sie hatten die Gesetzgebung, die Beschlussfassung über Krieg und Frieden und die Wahl der

Magistrate. Aber ihre Thätigkeit in allen diesen Beziehungen war an die Rogation des Königs, und bei der Wahl des Königs an die Rogation des *interrex* gebunden, auf einfaches Ja oder Nein gerichtet und durch die Auspicien unter den Einfluss der Priesterschaft gestellt. Die Wahl des Königs erfolgte auf Lebenszeit mit vollem *imperium* d. i. absoluter Regierungsgewalt. In einer von dem gewählten König selbst gehaltenen Volksversammlung wurden ihm die Rechte der Königswürde durch eine *lex curiata de imperio* besonders übertragen. Auf Grund dieser *lex* ist er das Haupt des Staates und der Kirche: er ist oberster Feldherr, einziger Richter in Civil- und Strafsachen und höchster Opferpriester. Die Grenzen seiner Gewalt bestimmen die Vorschriften des weltlichen und die Vorschriften des geistlichen Rechts, über dessen Anwendung die *pontifices* und die *augures* wachten. So waren der lebenslängliche König, der Senat, den der König aus den Häuptern der *gentes* wählte, die Priesterschaft mit ihren Auspicien und die *comitia curiata* die Elemente, auf welchen die alte römische Staatsverfassung beruhte.

Den *gentes*, welche die berechtigte Bürgerschaft bildeten, stand eine abhängige Bevölkerung von freigelassenen Sclaven und fremden Flüchtlingen gegenüber: die Clienten. Sie hatten kein selbständiges Recht, sondern mussten von einem den *gentes* angehörigen Bürger als ihrem *patronus* gegen die Verpflichtung zu Diensten und Abgaben geschützt und vertreten werden; deshalb waren sie unter die verschiedenen *gentes* vertheilt.

Unter dem König Ancus Martius kam ein neues Element in den römischen Staat durch die im Kriege überwundenen Völkerschaften. Viele Angehörige derselben, die nach dem Kriegsrecht ihr Grundeigenthum verloren hatten, zogen freiwillig oder gezwungen in die Nähe von Rom und bildeten auf dem ihnen angewiesenen Lande eine Ansiedelung, die allmählich ein Theil der Stadt und des Staates wurde. So entstanden die Plebejer neben den drei alten Stämmen, aus welchen der Stand der Patricier hervorging.

Von vornherein hatten die Plebejer an den politischen Rechten keinen Theil: sie waren von den *gentes* und folgeweise von den Curien und vom Senat ausgeschlossen. Sie hatten nur politische Pflichten: Kriegsdienst und Steuern *(tributum)*. Unter dem König Servius Tullius erlangten sie aber durch ihre Zahl eine solche Bedeutung, dass sie in der Servianischen Verfassung in das römische Bürgerrecht aufgenommen, jedoch den Patriciern nicht gleich gestellt wurden. Diese behielten einen grossen Theil ihres besonderen alten Rechtes und hatten deshalb die Stellung eines pivilegirten Adels.

Den Anlass zu der neuen Verfassung des Servius Tullius, der s. g. Tribus- und Centurien-Verfassung, gab eine neue gemeinsame Militärorganisation für die Patricier und Plebejer.

Durch die Tribus-Verfassung theilte Servius Tullius die Stadt Rom in 4, und die Landschaft in 26 örtliche Gemeinden, die alle Einwohner, Patricier, Clienten und Plebejer, umfassten. Aus ihnen bestand das römische Staatsgebiet. Durch die Aufnahme in das Gebiet des römischen Staates machte die Tribusverfassung die *plebs* zu einem Bestandtheil desselben. Nach diesen örtlichen Gemeinden sollten Kriegsdienst und Steuern geleistet werden. In jeder Gemeinde bildeten deshalb die kriegs- und steuerpflichtigen Bürger eine locale *tribus,* die unter einem Vorsteher (*curator,* später *tribunus*) zu Versammlungen (die späteren *comitia tributa*) Zwecks Berathung von Gemeindeangelegenheiten berechtigt war.

Durch die Centurienverfassung führte Servius Tullius die Aushebung des Heeres nach dem Census ein. Er stellte fünf Vermögensclassen auf, von denen jede eine bestimmte Anzahl von Centurien d. i. Abtheilungen von 100 Mann in der Art zum Heere zu stellen hatte, dass sich nach den Classen die Art der Bewaffnung abstufte, damit die Last des unbesoldeten Kriegsdienstes mit dem Vermögen des Dienstpflichtigen im Verhältniss stand. Zugleich wurde nach diesen fünf Vermögensklassen die Besteuerung der römischen Bürger geordnet. Ihre Einreihung in die Klassen geschah nach Verzeichnissen, die in den örtlichen Tribus aufgenommen wurden: jeder Bürger musste den Bestand seiner Familie angeben und sein Vermögen eidlich schätzen (*in censum dedicare*) bei Verlust der Freiheit für den *incensus.* Nach jedem Lustrum d. h. jedes fünfte Jahr sollte eine neue Schätzung vorgenommen werden.

Dieser Heeres- und Steuer-Verfassung entsprach die neue Comitienordnung des Servius Tullius, welche durch die Aufnahme der *plebs* in die Civität nothwendig wurde. Sie bestimmte das Mass der politischen Berechtigung nach dem Masse der politischen Verpflichtung: in demselben Verhältniss, in welchem eine Vermögenklasse mit der Kriegs- und Steuerpflicht belastet ist, soll sie auch in der Volksversammlung an der Entscheidung der öffentlichen Angelegenheiten Theil nehmen. Demgemäss wurde jede

Vermögensklasse in so viele politische Centurien d. i. Abtheilungen stimmfähiger Bürger getheilt, als sie Heerescenturien zu stellen hatte. Nach diesen Centurien wurde in der Volksversammlung gestimmt; jede Centurie hatte eine Stimme. Die Servianische Verfassung führte also das Klassensystem für die politische Berechtigung ein. Ueber das Nähere vgl. Puchta, Cursus d. Instit. I. §. 47. ff.

So entstanden die *comitia centuriata*, auch *comitiatus maximus* genannt, weil sie alle Bürger umfassten; nur die Freigelassenen blieben vom Kriegsdienst und von der Abstimmung in den Comitien ausgeschlossen.

Auf diese neuen Comitien wurden jetzt die Befugnisse der *comitia curiata* übertragen, gleichwohl aber diese nicht aufgehoben: es verblieb ihnen die Bestätigung der Gesetze und der Wahlen der Centuriatcomtien, sowie die Ertheilung des *imperium* an den neugewählten König. Deshalb waren die Patricier immer noch der herrschende Stand: sie hatten in den Curiatcomitien das letzte Wort.

Ob die Verfassung des Servius Tullius schon unter seiner Regierung in's Leben trat, oder ob sein Tod dies verhinderte, ist ungewiss. Dagegen steht fest, das der letzte König Tarquinius Superbus ihre Ausführung vereitelte. Die Abschaffung des Königthums (*244 a. u. c.*) hatte aber ihre Wiederherstellung durch die *leges Valeriae (245 a. u. c.)* zur nächsten Folge. Vgl. Huschke, die Verfassung des Servius Tullius. Heidelberg. 1838. Gerlach, Histor. Studien Bd. 1. 1841. S. 343—434. Bd. 2. 1847. S. 203—266.

II. Die *leges* während der Republik. Die gesetzgebende Gewalt blieb auch in der ganzen Zeit der Republik beim *populus Romanus* und wurde unmittelbar von der Gesammtheit der römischen Bürger in den Comitien ausgeübt; eine Volksvertretung gab es nicht. Von vornherein sollten durch die Einführung der Republik nur zwei einjährige Consuln, ursprünglich *praetores* genannt, an die Stelle des lebenslänglichen Königs treten. Sie wurden in den Centuriatcomitien gewählt und durch eine *lex de imperio* in dieselbe Regierungsgewalt eingesetzt, wie sie den Königen zustand, *l. 2. §. 15. 16. D. de O. I. (1. 2)*. Der weitere Verlauf führte aber zu einer vollständigen Umgestaltung der bisherigen Verhältnisse: die leitende Regierungsgewalt kommt an den Senat, ohne dessen Unterstützung die Consuln bei der kurzen Dauer ihrer Gewalt nichts durchsetzen konnten, und der Missbrauch der Standesvorrechte der Patricier erzeugt, weil die vermittelnde königliche Gewalt fehlte, einen langen Kampf mit den Plebejern, der mit der Gleichstellung beider Stände endigte.

Hiernach waren die *leges* während der Republik successive *leges curiatae, centuriatae* und *plebiscita.*

1. *Leges curiatae* sind die durch die Curien bestätigten Beschlüsse der Centuriatcomitien. Dieses Bestätigungsrecht erfuhr aber im Laufe der Zeit Einschränkungen. Zu Cicero's Zeit beschränkte sich die Function der Curien auf die Bestätigung von solchen Centuriatsbeschlüssen und von solchen Privatrechtsgeschäften, die eine religiöse Bedeutung hatten: dahin gehörten die Ertheilung des *imperium* an die in den Centuriatcomitien gewählten höheren Magistrate, die Bestätigung von Testamenten, Arrogationen und der *detestatio sacrorum.* Und zur Vornahme dieser Geschäfte pflegten sich jetzt nur noch die *pontifices* und *augures,* und als Repräsentanten der Curien 30 Lictoren einzufinden. Ursprünglich wurden die Curien auch wo sie bei Privatrechtsgeschäften mitzuwirken hatten als wirkliche Volksgemeinden unter dem Namen *calata comitia* berufen. *Ulp. frgm. VIII. 2. 3. Gaius I. 98–107. II. 101.*

2. *Leges centuriatae* sind die Beschlüsse der Centuriatcomitien; sie setzten einen Antrag der Consuln oder eines andern *magistratus populi* voraus, der vorher vom Senat berathen und genehmigt war.

3. *Plebiscita* sind die Beschlüsse der *comitia tributa.* Ursprünglich waren die Tribusversammlungen keine *comitia,* sondern nur *conciones* der Patricier und Plebejer, deren Competenz sich auf die Berathung von Gemeindeangelegenheiten beschränkte. Durch die politischen Fortschritte der *plebs* wurden sie Versammlungen, in denen die Plebejer ohne Theilnahme der Patricier und Clienten über alle Staatsangelegenheiten beschliessen durften; und diese Beschlüsse, die Anfangs als *plebiscita* nur die Plebejer verpflichteten, erhielten später allgemeine Gesetzeskraft. Damit wurden die Tribusversammlungen *comitia,* und die *plebiscita* den *leges* gleichgestellt, *Gaius I. 3. §. 4 I. de iure nat. (1. 2.)*

Diese Gleichstellung vollzog sich successive in folgender Weise:

a. Die erste Secession der *plebs* auf den *mons sacer (260 a. u. c.)* führte zu einer unter dem Namen der *leges sacratae* bekannten Vereinbarung, durch welche den Plebejern neben anderen Vergünstigungen die Einführung der *tribuni plebis* zum Schutz gegen die Amtsgewalt der Consuln eingeräumt wurde. Diese Volkstribunen suchten alsbald den Plebejern noch grössere Rechte zu erringen. Namentlich erstrebten sie für die *plebs* eine von patricischen Einflüssen unabhängige Theilnahme an der gesetzgebenden Gewalt. Im Jahre 283 *a. u. c.* mussten die Patricier ihnen die Befugniss gewähren, die Tribusversammlungen über alle Staatsangelegenheiten berathen und beschliessen zu lassen, und 284 *a. u. c.* mussten sie auf ihr Stimmrecht in diesen Versammlungen verzichten. Damit war den Plebejern die Initiative für *leges* gegeben: die Tribunen brachten die Beschlüsse der Tribusversammlungen an den Senat und dieser, wenn er sie billigte, zur Abstimmung an die Centuriatcomitien. *Plebiscita* ohne diese nachfolgende Bestätigung des Senats und der Centuriatcomitien hatten für die Patricier keine verbindliche Kraft.

Von dieser Initiative machte im Jahre 292 *a. u. c.* der Volkstribun *Terentillus Arsa* Gebrauch, um die Plebejer gegen die Missbräuche zu schützen, welche sich die aus den Patriciern gewählten Consuln bei der Handhabung der Justiz zu Schulden kommen liessen. Sie benutzten die natürliche Unbestimmtheit des nur in der römischen Gewohnheit lebenden Rechts zu Ungerechtigkeiten und Parteilichkeiten gegen die Plebejer. Deshalb brachte *Terentillus Arsa* auf Beschluss der Tribusversammlung den Antrag an den Senat, dass fünf Männer aus der *plebs* gewählt werden sollten, um Gesetze über den Umfang der consularischen Gewalt zu entwerfen. Nach einem achtjährigen Widerstande der Patricier vereinbarte man endlich im Jahre 300 *a. u. c.* die Abfassung eines Gesetzbuches für das gesammte Recht, aber, weil die Patricier noch einen Aufschub zu erlangen wünschten, mit der Bestimmung, es solle zuvor eine Gesandtschaft von drei Mitgliedern nach Griechenland gehen, um die griechischen Gesetze kennen zu lernen. Ein verbannter Ephesier Namens Hermodorus begleitete dieselbe als Interpret. *l. 2 §. 4 D. de O. I. (1. 2). Livius III. 9. 10. 31. 32.*

Nach der Rückkehr dieser Gesandtschaft einigte man sich auch über die Personen, welchen die gesetzgeberischen Arbeiten zu übertragen seien. Es wurden an Stelle der ordentlichen Magistrate, der Consuln und Tribunen, auf ein Jahr zehn Männer aus den Patriciern gewählt, die die Staatsregierung übernehmen und zugleich den Entwurf des neuen Gesetzbuches machen sollten: die *decemviri legibus scribundis.*

Nach zwei Jahren war die Arbeit vollendet: im Jahre 303 *a. u. c.* wurden zehn Gesetzestafeln dem Senate vorgelegt und von den Centuriatcomitien angenommen, und im Jahre 304 *a. u. c.* ergänzten neugewählte *decemviri* dieselben durch einen Nachtrag auf zwei Tafeln, die 305 *a. u. c.* Gesetzeskraft erhielten. Unter dem Namen *lex decemviralis* oder *duodecim tabularum* wurde das neue Gesetzbuch, in Erztafeln geschnitten, auf dem Forum aufgestellt.

Den Inhalt der XII. Tafeln bildeten das öffentliche und das Privatrecht, wie es bisher nach römischer Gewohnheit Geltung hatte, mit einzelnen Aenderungen zum Vortheil der Rechtsgleichheit unter den beiden Ständen. Die Ansicht alter Schriftsteller, die Hauptquelle der XII Tafeln seien die Gesetze des Solon und andere griechische Gesetze beruht auf Irrthum; nur einzelne Bestimmungen lassen sich auf sie zurückführen, *Cicero de leg. II. 23. 25. l. 4 D. de colleg. (47. 22).*

Die Form, in welcher die einzelnen Bestimmungen aufgestellt wurden, war der befehlende Imperativ. Sie bestanden aus Geboten und Verboten, die sich durch ihre praktische Brauchbarkeit und durch Klarheit und Schärfe des Ausdrucks auszeichnen, Eigenschaften, in denen sich schon zu dieser Zeit das juristische Talent der Römer in dem Masse manifestirte, dass Cicero die Gesetzgebungen des Lycurgus, Draco und Solon im Vergleich mit den XII Tafeln als *ius inconditum ac paene ridiculum* bezeichnete. *Cicero, de orat. I. 44.* Deshalb bildeten die XII Tafeln auch noch zur Blüthezeit der römischen Juristen die Grundlage der römischen Jurisprudenz: Labeo und Gaius schrieben zu ihnen Commentare. Im Laufe der Zeit verloren zwar viele einzelne Bestimmungen der XII Tafeln ihre Geltung, aber als Gesetzbuch wurden sie erst durch die Gesetzgebung Justinians aufgehoben.

Auf uns ist weder das Original noch eine Abschrift der XII Tafeln gekommen. Wir besitzen nur etwas aber 100 Fragmente aus juristischen und nichtjuristischen Schriftstellern, die oft nur den Sinn einer Vorschrift, nicht den Wortlaut enthalten. Aus diesen Fragmenten hat man seit dem 16. Jahrh. versucht, das Gesetz zu restituiren. Eine Kritik dieser zum Theil auf unächten Fragmenten und falschen Conjecturen beruhenden Restitutionen enthält die Schrift von Dirksen: Uebersicht der bisherigen Versuche zur Kritik und Herstellung des Textes der Zwölftafelfragmente. Leipzig 1824. Aus der neueren Zwölftafelliteratur ist hervorzuheben: *Schoell, legis duodecim tabularum reliquiae.* 1866. Zusammengestellt sind die uns erhaltenen Fragmente bei *Bruns l. c. p. 12—26.*

b. In Folge einer zweiten Secession der *plebs* auf den *mons sacer 305 a. u. c.*, welche die gewaltthätige Regierung der *decemviri* veranlasste, wurden das Decemvirat abgeschafft, das Consulat und Volkstribunat wiederhergestellt, und durch die *lex Valeria et Horatia* die Tributcomitien wieder eingesetzt mit der ihnen früher zustehenden Gesetzesinitiative. Eine bedeutende Veränderung erfuhr das Recht dieser Comitien im Jahre 415 durch die *leges Publiliae*: sie bestimmten wahrscheinlich, dass die *plebiscita* mit blosser Genehmigung des Senates Gesetzeskraft haben sollten ohne Bestätigung der Centuriatcomitien, die überflüssig erschien, nachdem inzwischen den Patriciern wieder der Zutritt zu den Tributcomitien gestattet war. Die *lex Hortensia 467 a. u. c.* schaffte bei Gelegenheit der dritten *secessio* der *plebs* auf den *mons Janiculus* auch die Bestätigung der plebiscita durch den Senat ab. Damit waren sie den *leges* gleichgestellt. *l. 2. §. 8 D. de O. I. (1. 2).* Es gab jetzt zwei Arten von Comitien, deren Competenz für die Gesetzgebung völlig gleich war: die Consuln und Prätoren brachten die Gesetze an die *comitia centuriata*, die Tribunen an die *comitia tributa.* In der That gingen aber die meisten Gesetze aus den Tributcomitien hervor, weil die Consuln meistens im Kriege beschäftigt waren und die Tribunen keine Gelegenheit zu Gesetzesvorschlägen vorübergehen liessen. Ueber die Vergrösserung der Zahl der *tribus* und über die Reformen der Centuriatcomitien vgl. *Puchta, a. a. O. §. 52. 60.*

Die meisten Gesetze aus der Zeit der Republik bezogen sich nur auf das öffentliche Recht; die Zahl der privatrechtlichen Gesetze war klein, weil man die Fortbildung des Privatrechtes der Gewohnheit und den Edicten des Prätors überliess.

Was von den Gesetzen der Republik auf uns gekommen ist, beschränkt sich auf Inhaltsangaben und auf einzelne Citate in den alten Schriftstellern; nur von einem Gesetze (*lex Quinctia de aquaeductibus 9 a. Chr.*) besitzen wir den Wortlaut vollständig. Einzelne Bruchstücke sind auch von den alten Erztafeln erhalten. Vgl. *Bruns l. c. p. 31—85.*

III. Die *leges* der Kaiserzeit. Das Kaiserthum war von vornherein nur eine Vereinigung der höchsten republikanischen Magistraturen in der Person des *princeps.* Demgemäss gaben zunächst auch die Kaiser ihre Gesetze durch die Comitien. Seit Tiberius wurde aber die Comitialgesetzgebung schon auf gewisse Angelegenheiten (*lex de imperio*, Verleihung der Civität oder Latinität an Gemeinden etc.) beschränkt und nach *Nerva 96 p. Chr.* hörte sie ganz auf. Die Kaiser machten jetzt ihre Gesetzesanträge nur noch an den Senat. Die Rogation an die Comitien unterblieb. Die Zustimmung des Senates galt als Ausdruck des Volkswillens. So kam die gesetzgebende Gewalt von den Comitien an den Senat; an die Stelle der *leges* traten die *senatusconsulta*, *l. 2 §. 9 D. de O. I. (1. 2)*. Auch die bisherigen Functionen der *comitia curiata* hörten mit dem Verfall der Gentilität auf: die Ertheilung des *imperium* ging auf den Senat über, und ihre Mitwirkung bei Testamenten und Arrogationen wurde durch die Testamentszeugen bezw. durch ein *rescriptum principis* ersetzt. *Gaius II. 103. 104. I. 99. §. 1. I. de adopt. (1. 11.)*

Auf uns gekommen sind die *leges* aus der Kaiserzeit in Inhaltsangaben und Citaten bei den alten Schriftstellern und im *Corpus iuris;* von den alten Erztafeln besitzen wir nur einzelne Stücke. Vgl. *Bruns, l. c. p. 85 ff.*

§. 15.

2. Senatusconsulta.

I. In der Königszeit bestand der Senat aus 300 Mitgliedern, *patres* genannt, die der König aus den drei *tribus* (*Ramnes, Tities, Luceres*) wählte, aus jeder *tribus* 100. Mit ihm berieth der König die Anträge, über welche die Comitien abstimmen sollten.

II. Während der Republik bildeten den Senat 300, unter Sulla 400, unter Cäsar 800 Mitglieder, die von den Triumvirn auf 1000 vermehrt wurden. Die Wahl erfolgte von den Consuln, später von den Censoren und nach den XII Tafeln nicht mehr ausschliesslich aus den *gentes*, sondern auch aus den Plebejern. Sulla und Cäsar wählten selbst gemeine Soldaten und Freigelassene in den Senat; ebenso die Triumvirn. Durch Sullla erhielten auch die abgegangenen Magistrate bis zu den Quästoren herunter einen rechtlichen Anspruch auf Sitz und Stimme im Senat.

Der Senat war die ordentliche Regierung des Staates. Er besorgte die auswärtigen und inneren Angelegenheiten und hatte, soweit dieselben zum Amt der einzelnen Magistrate gehörten, über diese die Oberaufsicht, die sich namentlich in der Ertheilung von Amtsinstructionen an die Magistrate äusserte. Diese Amtsinstructionen benutzte der Senat seit der *lex Hortensia* zur Ausübung einer selbständigen legislativen Gewalt: da die *plebiscita* seiner Bestätigung nicht mehr bedurften, so suchte er jetzt auch die *senatusconsulta* ohne Bestätigung der Comitien zur Geltung zu bringen. Sein Einfluss auf die Magistrate ermöglichte dies. Sie hatten factisch schon während der Republik *legis vicem*, aber nicht nach der römischen Verfassung und deshalb nicht unbestritten, *Gaius I. 4.*

III. In der Kaiserzeit bestand der Senat aus 600 vom Kaiser ernannten Mitgliedern; diese Ernennung setzte ein Alter von 25 Jahren und ein bestimmtes Vermögen voraus. Ausserdem gaben gewisse Aemter einen Anspruch auf Sitz und Stimme im Senat. Die Rechte des Senats erfuhren jetzt folgende Veränderungen:

1. In der Zeit von Nerva bis Septimius Severus, 196—211 p. Chr., hat der Senat die Wahl der Beamten, auch des Kaisers, und die gesetzgebende Gewalt, *Gaius I. 84-86. l. 9. D. de leg. (1. 3). §. 5. I. de iure nat. (1. 2).* Anträge zu Gesetzen können, wie vom Kaiser, auch von den Consuln, aber natürlich nicht gegen den Willen des Kaisers gestellt werden. Der kaiserliche Antrag pflegte in einer *epistola* oder *oratio* schriftlich abgefasst und vom Quästor dem Senat zur Beschlussfassung vorgelesen zu werden. Das *senatusconsultum* hat jetzt unbestritten *legis vicem* und wird deshalb, wie früher die *leges*, nach einem der Consuln, welche als Vorsitzende *senatum consuluerunt*, benannt, bisweilen auch nach dem Inhalt (z B. *senatusconsultum de assignanda libertate*) oder nach dem Kaiser, der es beantragte, oder nach dem Uebelthäter, durch dessen Verbrechen es veranlasst wurde, wie beim *S. C. Macedonianum, l. 1. D. de S. C. Mac. (14. 6).*

2. Nach Septimus Severus erhält in Folge der gesteigerten Macht der Kaiser die *oratio* den Charakter einer blossen Ankündigung des kaiserlichen Willens. Von einer Beschlussfassung des Senats ist nicht mehr die Rede; die *oratio* des Kaisers ist ohne Weiteres Gesetz. So zieht sich die Gesetzgebung vom Senat in den Kaiser zurück: an die Stelle der *senatusconsulta* treten die *constitutiones principum.* Auch im Uebrigen wird die Theilnahme des Senats an der Staatsregierung immermehr beschränkt: er behält nur die Wahl der Consuln, Prätoren, Quästoren und des Kaisers, wenn dieser seinen Nachfolger nicht ernannt hat;

sonst beschränkt sich sein Geschäftskreis auf städtische Angelegenheiten. Er sinkt zu einem blossen Stadtrath von Rom herab.

Von den Senatusconsulten ist uns in unmittelbarer Gestalt nur Weniges erhalten, dagegen der Inhalt vieler *S. C.* in wörtlichen Referaten bei den alten Schriftstellern und in den Digesten. Aus ihnen ergibt sich, dass die *S. C.* nicht im Imperativ, sondern in Form des Rathes (*senatus censet, senatui placet* oder *videtur*) abgefasst wurden. In den *constitutiones principum* ist aber die Form des Befehls (*iubemus, sancimus*) wiederhergestellt. Vgl. *Puchta a. a. O. §. 108* und *Bruns l. c. p. 105 ff.*

§. 16.

3. Edicta magistratuum.

Jus civile, ius honorarium, ius gentium.

Die *edicta magistratuum* sind die öffentlichen Bekanntmachungen der Beamten, zu welchen sie durch ihr Amt veranlasst wurden. Das Recht, solche Edicte zu erlassen, hiess *ius edicendi.* Sie wurden in der Regel auf weissen Holztafeln, *in albo,* auf dem Forum aufgestellt.

I. Schon die Könige sollen durch solche Edicte Anordnungen getroffen haben, *Livius I. 44.*

II. Während der Republik hatten das *ius edicendi* alle höheren *magistratus populi,* nicht nur die Administrations-, sondern auch die Jurisdictionsmagistrate d. i. in Rom der Prätor und für gewisse Polizei- und Handelssachen die Aedilen, in den Provinzen der *praeses provinciae* und die Quästoren, *Gaius I. 6.* An sich musste natürlich der Prätor bei der Jurisdiction die bestehenden Gesetze zur Anwendung bringen, er hatte aber zugleich kraft seines *imperium* die Befugniss, jede Vorschrift, die er für nöthig hielt, aufzustellen und eventuell mit Gewalt in Wirksamkeit zu setzen. Von dieser Befugniss machte er, da sich die Comitiengesetzgebung mit dem Privatrecht nur wenig befasste, Zwecks Fortbildung desselben den ausgedehntesten Gebrauch. Er lernte in der Praxis die Lücken des geltenden Rechts und diejenigen Gesetze kennen, welche den Anforderungen des erweiterten Verkehrs nicht mehr genügten; desshalb war er das geeigneteste Organ, dem die Einführung der erforderlichen neuen Rechtssätze überlassen werden konnte. Die äussere Form, in welcher die Prätoren diese neuen Rechtssätze einführten, waren die *edicta.*

So lange der Legisactionenprozess (§. 56) in Geltung stand, nach welchem sich jeder Klaganspruch direct auf den Ausspruch einer *lex* stützen und den *verba legis* entsprechend formulirt werden musste, konnte der Prätor keine in das Recht eingreifende Vorschriften erlassen. Desshalb wurde, als das Verkehrsbedürfniss eine grössere Freiheit des Prätors forderte, der Legisactionenprozess durch die *lex Aebutia* um die Mitte des 6. Jahrh. abgeschafft und der Formularprozess eingeführt. Nach dieser neuen Prozessform war der Prätor ermächtigt, unabhängig von *verba legis* die unter den Parteien streitigen Ansprüche schriftlich aufzusetzen *(formula)* und den von ihm zu ernennenden *iudex* anzuweisen, unter welchen Voraussetzungen er den Beklagten condemniren oder absolviren sollte. Dadurch wurde es dem Prätor kraft seines *imperium* möglich, in seinem Edict Rechtssätze aufzustellen, durch welche neue Klagerechte, neue Eigenthumserwerbsarten, neue Erbrechte, Einreden etc. eingeführt wurden, wo das Leben oder die veränderten Rechtsanschauungen des römischen Volkes solche Neuerungen nothwendig machten. Durch diese Thätigkeit, die wie dem Prätor auch den übrigen Jurisdictionsmagistraten zustand, kam in das römische Recht folgender doppelte Gegensatz:

1. Der Gegensatz von *ius civile* und *ius honorarium*. Das *ius civile* bestand während der Republik in dem Recht, welches auf den XII Tafeln und ihrer Entwickelung beruhte, die durch *leges* und vornämlich durch die Praxis erfolgte. Das *ius honorarium* war dagegen das durch die *edicta magistratuum* eingeführte Recht, so genannt, weil die Magistraturen Ehrenämter *(honores)* waren. Es theilte sich in *ius praetorium* und *ius aedilitium*, je nachdem es auf dem Edict der Prätoren oder der Aedilen beruhte, §. *7. I. de iure nat. (1. 2).*

Der Zweck des *ius honorarium*, dessen Haupttheil das *ius praetorium* bildete, war der bisherigen Ausführung gemäss bald Sicherung, bald Ergänzung, bald Verbesserung der Vorschriften des *ius civile: ius praetorium est, quod praetores introduxerunt iuris civilis adiuvandi, supplendi vel corrigendi gratia propter publicam utilitatem, l. 7 pr. §. 1 D. de iust. et iure (1. 1).*

Das Verhältniss, in welches diese neue Recht zum *ius civile* trat, bestimmte die Stellung des Prätors. Er hatte keine gesetzgebende Gewalt, sondern nur Amtsgewalt *(imperium)*. Desshalb waren seine Vorschriften keine Gesetze, durch welche das *ius civile* aufgehoben werden konnte: Gesetzgebung hatten nur die

Comitien. Der Prätor konnte daher die in seinem Edict anerkannten Rechtsverhältnisse nur kraft seines *imperium* so behandeln und schützen, als wenn sie gesetzliche wären, und umgekehrt gesetzlichen Rechtsverhältnissen den Schutz versagen, wie wenn sie keine gesetzlichen Rechtsverhältnisse wären. Er konnte in seinem Edict nur sagen, dass er während seines Amts in gewissen Fällen eine Klage geben werde *(iudicium dabo)*, wo sie nach *ius civile* nicht begründet war, oder dass er eine Person, die nach *ius civile* kein Erbrecht hatte, wie einen Erben behandeln und ihr desshalb die *bonorum possessio* geben werde *(bonorum possessionem dabo)* u. s. w. Hieraus folgt:

a) Das *ius honorarium* hatte nur Geltung durch den Schutz des Magistrats, der es in seinem Edict aufstellte, also nur für die Zeit seiner Amtsdauer: *tuitione praetoris,* nicht *ipso iure i. e. iure civili* als Gesetz. Der nachfolgende Magistrat war an das Edict seines Vorgängers nicht gebunden; er konnte die Vorschriften desselben ganz willkürlich verwerfen. Allein da die Quelle dieser Vorschriften das Bedürfniss des praktischen Lebens und die Stimme des römischen Volkes war — *ius honorarium est viva vox iuris civilis, l. 8 D. de I. et I. (1. 1)* —, so gingen natürlich diejenigen Edicte, welche sich bewährt hatten, von einem Prätor auf den andern über und hiessen desshalb *tralatitia edicta.* So entstand eine Menge von Edictssätzen, die, obwohl sie nicht *legis vicem* hatten, doch *tuitione praetoris* zu beständiger Geltung gelangten. Diese nannte man daher das *edictum perpetuum.* Dasselbe wurde von jedem neuen Prätor sofort bei seinem Amtsantritt aufgestellt, und seine *nova edicta* wurden ihm hinzugefügt, damit jeder römische Bürger von vornherein wusste, welche Rechtssätze der Prätor während seines Amtes zur Anwendung bringen werde, *l. 2 §. 10 D. de O. I. (2. 1)*. Zu diesen Edicten schrieben die römischen Juristen Commentare, und die *praesides provinciae,* die sich das Edict der Prätoren in Rom zum Muster nahmen, trugen dadurch zur allmählichen Romanisirung des Rechts der Provinzialvölker bei. — Edicte, welche die Magistrate für einzelne Angelegenheiten von vorübergehender Bedeutung erliessen, hiessen *edicta repentina.*

b) Das *ius honorarium* trat neben das *ius civile,* weil es dasselbe nicht aufheben konnte. Desshalb entstand ein Dualismus im römischen Recht, der sich durch das ganze Rechtssystem hindurchzieht: man unterschied civiles Eigenthum und prätorisches

Eigenthum, civile Servituten und prätorische Servituten, civile und prätorische Obligationen und Erbrechte, civile und prätorische Klagen u. s. w. Das *ius civile* enthielt das formenreiche und consequente Recht *(ius strictum)*, das *ius praetorium* das den Verkehr erleichternde formlosere und billige Recht *(ius aequum)*: es dehnte die civilen Klagen als *actiones utiles* auf formlosere und analoge Verhältnisse aus, gab gegen unbillige Klagen Exceptionen und gegen unbillige Läsionen Restitution u. s. w.

2. Der Gegensatz von *ius civile* und *ius gentium*. Der Gegensatz von *ius civile* und *ius honorarium* ist ein formeller Gegensatz: er beruht auf der Verschiedenheit der Rechtsquelle, durch welche die Rechtssätze eingeführt wurden. Der Gegensatz von *ius civile* und *ius gentium* ist ein materieller: er gründet sich in dem verschiedenen Charakter der Rechtssätze. Das *ius civile* war das nationale Recht d. h. das Recht, welches aus der nationalrömischen Rechtsüberzeugung hervorging; das *ius gentium* war das universale Recht d. h. das Recht, welches der gemeinsamen Rechtsüberzeugung aller Völker entsprach und sich desshalb im Allgemeinen gleichmässig bei allen Völkern fand, *§. 1. I. de iure nat. (1. 1)*. Dieser Gegensatz bildete sich in folgender Weise:

a) Nach altem römischen Recht waren nur *cives romani* rechtsfähige Personen; alle Peregrinen waren rechtlos, weil die Römer mit ihnen nur auf dem Kriegsfuss standen. Nur unter dem Schutz eines römischen Bürgers konnten sie den Schutz des römischen Rechts haben.

Dies ursprüngliche Princip liess sich nicht mehr aufrecht erhalten, als sich die Römer fremde Völker unterwarfen. Mit ihnen traten sie nothwendig in Verkehr, und dieser Verkehr forderte rechtlichen Schutz. Im Verkehr mit den Latinern wurde dieser Schutz hergestellt durch die Verleihung des römischen *commercium*. Bei andern Völkern, mit denen die Stammesverwandtschaft fehlte, stand einer solchen Verleihung das römische Princip entgegen: das Recht eines jeden Volkes ist nur Volksrecht, nicht Landesrecht, und desshalb nur *ius civile*; es kann nur auf seine *cives* zur Anwendung kommen, das römische Recht nur auf *cives Romani*, das Recht eines Peregrinenvolkes nur auf dessen Bürger. Aus diesem Princip ergab sich die Nothwendigkeit, für den Verkehr der Römer und Peregrinen und der Peregrinen unter sich ein neues Recht zu schaffen. Dies geschah in der Weise, dass man successive, wie es das praktische Bedürfniss forderte, zu diesem Zweck eine

Reihe von Rechtssätzen recipirte, die man im Ganzen bei allen Völkern vorfand und desshalb als ein auf der menschlichen Vernunft *(naturalis ratio)* beruhendes natürliches Recht betrachtete. Dieses neue Recht nannte man das *ius gentium* und bezeichnete es auch als *ius naturale.* So trat dem *ius civile* als dem nationalen Recht für den Verkehr der Römer untereinander das *ius gentium* als das internationale Recht für den Verkehr der Peregrinen mit den Römern und unter sich seit dem 5. Jahrhnndert a. u. c. gegenüber. Das Organ für dieses *ius gentium* war das Edict des *praetor peregrinus,* der zuerst im Jahre 507 a. u. c. für die Rechtsstreitigkeiten der Peregrinen ernannt wurde, während dem *praetor urbanus* die Jurisdiction für die Rechtsstreitigkeiten der Römer unter einander zustand. *l. 2. §. 27. 28. D. de O. I.* (*1. 2*).

b) Die Vorschriften des *ius gentium,* welche der *praetor pegrinus* in seinem Edict aufstellte, mussten selbstverständlich einen wesentlich andern Charakter haben, als die Vorschriften des römischen *ius civile.* Sie konnte nicht, wie dieses, für die Rechtsgeschäfte, welche den Verkehr vermittelten, schwerfällige Formen fordern, und sie konnten nicht, wie dieses, die Anforderungen der *bona fides* unberücksichtigt lassen. Der Verkehr mit den Peregrinen bewegte sich auf einem grösseren Territorium; desshalb musste für ihn ein formloseres und billigeres Recht gelten, als das römische *ius civile,* welches nur berechnet war für den Verkehr der Römer untereinander auf dem kleinen Territorium der Stadt Rom.

Diese verschiedene Natur des *ius gentium* hatte die Folge, dass die Römer, als sie die Bequemlichkeit und Zweckmässigkeit dieses Rechts in ihren Geschäften mit den Peregrinen kennen gelernt hatten, auch den Verkehr der *cives Romani* unter einander nach dem *ius gentium* beurtheilt, und das römische Recht nach den Gesichtspunkten des *ius gentium* fortgebildet wissen wollten. Das Organ für diese Fortbildung wurde seit dem 6. Jahrh. a. u. c., das Edict des *praetor urbanus:* er nahm in sein Edict Rechtssätze aus dem *ius gentium* auf, wo dies die veränderte Rechtsüberzeugung des römischen Volkes forderte, und brachte so das *ius gentium* durch das *ius honorarium* im inneren römischen Verkehr zur Geltung.

Damit kam der Gegensatz von *ius civile* und *ius gentium* in das römische Recht selbst. Das *ius civile* war jetzt dasjenige römische Recht, welches sich in nationalrömischer Rechtsanschauung gründete, und das *ius gentium* war dasjenige römische Recht, welches auf einer natürlichen allen Völkern gemeinsamen Rechtsanschauung beruhte. Nach der Rechtsquelle, durch welche dieses *ius gentium* zunächst eingeführt wurde, war es *ius honorarium*, welches als solches das *ius civile* nicht aufheben konnte. Deshalb schloss der formelle Gegensatz von civilem und prätorischem Recht, welcher sich durch das ganze römische Recht hindurchzieht, den materiellen Gegensatz von *ius civile* und *ius gentium* in sich, *§. 11 I. de R. D. (2. 1)*.

III. In der Kaiserzeit wurden die Prätoren, wie alle Magistrate, Beamte des Kaisers. Sie behielten zwar das *ius edicendi*, allein in Folge der kaiserlichen Macht waren ihre Edicte bald nur eine Form für die Gesetzgebung des Kaisers. Der kaiserliche Wille sollte der allein massgebende sein. Deshalb wurde auch der Geltung des vorhandenen *ius honorarium* eine andere Grundlage gegeben. Der Kaiser Hadrian liess 131 p. Chr. durch einen der angesehensten aller römischen Juristen, durch *Salvius Iulianus* alle vorhandenen Edicte der Prätoren, Aedilen, *praesides provinciae etc.* revidiren und ordnen und diese neue Redaction, welche den Namen *edictum perpetuum* erhielt, mit Gesetzeskraft für das ganze römische Reich durch ein Senatusconsult publiciren. Damit war das prätorische Recht, soweit es dem kaiserlichen Willen entsprach, fixirt. Neue *edicta magistratuum* setzten die Zustimmung des Kaisers voraus und hörten im 3. Jahrhundert ganz auf: da der Kaiser selbst als Richter die Rechtspflege handhabte, so traten auch an ihre Stelle die *constitutiones principum*. So ging zuerst der formelle Gegensatz von *ius civile* und *ius honorarium* unter.

Im Laufe des 4. Jahrh. verschwand auch der Gegensatz von *ius civile* und *ius gentium* in seiner ursprünglichen Bedeutung, nach welcher jenes das nationale Recht für die Rechtsverhältnisse der *cives Romani* unter sich, dieses das Peregrinenrecht d. i. das internationale Recht für den Verkehr der Römer mit den Peregrinen und der Peregrinen unter sich war. Kaiser *Carcalla (211—217 p. Chr.)* gab allen freigeborenen Unterthanen des römischen Reiches die römische Civität und damit die Rechtsfähigkeit nach römischem Recht. In Folge dessen verloren die Nationalrechte der einzelnen Völker im römischen Reiche und das für sie für geschaffene internationale *ius gentium* allmählich ihre Geltung. Die Beamten und die Kaiser beurtheilten in Prozessen alle römischen Unterthanen als römische Bürger nur nach römischem Recht. Die unter *Hadrian* mit dem *edictum perpetuum* begonnene Rechtseinheit für alle Provinzen des römischen Reiches erstreckte sich jetzt auf das gesammte römische Recht.

Dagegen dauerte innerhalb des römischen Rechts selbst der Gegensatz von *ius civile* und *ius gentium* d. i. von nationalrömischem Recht und dem auf der *naturalis ratio* beruhenden Recht fort. Aber in demselben Masse, in welchem die römische Nationalität im römischen Reiche zurücktrat, gewannen nothwendig die fremden Völker Einfluss auf die weitere Entwickelung des römischen Rechts. Desshalb wurde jetzt das nationale Element im römischen Recht, das *ius civile,* vielfach verdrängt, und seine Fortbildung erfolgte immer ausschliesslicher im Geiste des *ius gentium.* Die Organe für diese Fortbildung wurden nach dem Untergang der *edicta magistratuum* die *responsa prudentium (§. 18)* und die *constitutiones principum (§. 17), l. 9 D. de I. et I. (1. 1). l. 6 pr. D. eod.*

Die prätorischen Edicte wurden bisweilen nach ihrem Urheber benannt (z. B. *edictum Carbonianum*), ebenso wie die vom Prätor eingeführten Klagen (z. B. *actio Publiciana*) und Interdicte (z. B. *interdictum Salvianum*). Zuweilen bezeichnen die römischen Juristen die einzelnen Edicte auch nach ihrem Inhalte (z. B. *edictum successorium*). Und die einzelnen Theile des *edictum perpetuum,* welche als *pars, caput, clausula* oder auch als *edictum* bezeichnet werden, citiren die Römer zuweilen nach den Anfangsworten dieser Abschnitte z. B. *unde liberi, unde legitimi, l. 1 §. 11. D. de succ. edict. (38. 9).*

Auf uns gekommen sind von den *edicta magistratuum* nur Citate und Relationen aus der Redaction des *edictum perpetuum* von Salvius Julianus in Justinians Pandekten. Nach ihnen sind wiederholt Restitutionsversuche gemacht. Aus neuester Zeit ist hervorzuheben: *Rudorff, edicti perpetui quae reliqua sunt. 1869.*

§. 17.

4. Constitutiones principum.

Sammlungen.

I. Nach Kaiser Nerva 96 p. Chr. zog sich die Gesetzgebung von den Comitien in den Senat, und nach Septimius Serverus von dem Senat in den Kaiser zurück, vgl. §. 14 sub III., §. 15 sub III. An die Stelle der *leges* und *senatusconsulta* trat jetzt eine selbständige Gesetzgebung der Kaiser durch die *constitutiones principum.* Diese selbständigen kaiserlichen Verordnungen haben *legis vicem,* weil das *imperium* des römischen Volkes durch eine *lex de imperio,* auch *lex regia* genannt, auf den Kaiser übertragen wurde, *l. 1 pr. §. 1 D. de const. pr. (1. 4), l. 2 §. 11 D. de O. I. (1. 2), c. 1 §. 7 C. de vet. iure (1. 17), §. 6 I. de iure nat. (1. 2).*

Die Kaiser nahmen, wie die Verwaltung, auch die Rechtspflege selbst in die Hand und ordneten beide entweder durch allgemeine Verordnungen und Instructionen an die Beamten oder durch specielle Erlasse. Danach gab es drei Arten von *constitutiones principum: edicta, decreta* und *epistolae, Gaius I. 5.*

1. *Edicta* sind die Verordnungen, welche der Kaiser als Magistrat kraft seines *ius edicendi* erliess. Eigentlich gehörten sie zum *ius honorarium* ohne Gesetzeskraft. Aber die immerwährende Macht der *principes* verlieh ihnen ein solches Ansehen, dass sie nach der übereinstimmenden Ansicht der römischen Juristen *legis vicem* hatten, gleichviel ob die Rechtsvorschriften dem *ius commune* oder dem *ius singulare* angehörten. Sie wurden deshalb auch *edictales leges,* oder *generales* oder *novae leges* genannt. Nur die *constitutiones personales,* deren Geltung sich auf einen bestimmten Fall oder eine bestimmte Person beschränkte, begründeten um deswillen nur ein *privilegium;* sie kamen nicht als Gesetz auf analoge Fälle zur Anwendung, *c. 3 C. de leg. et const. pr. (1. 14), §. 6 i. f. I. de iure nat. (1. 2).*

2. *Decreta* sind die Entscheidungen des Kaisers in Rechtssachen als Richter: Zwischenbescheide (*interlocutiones*) oder Endurtheile. An sich waren diese Decrete nur Anwendungen des bestenenden Rechtes auf einzelne Fälle; allein, da der Kaiser bei der Entscheidung von Rechtsstreitigkeiten in freierer Weise Billigkeit und Zweckmässigkeit berücksichtigen konnte, als der gewöhnliche Richter, so hatten die Decrete gleichwohl einen grossen Einfluss auf die Rechtsbildung. Justinian bestimmte: *decreta,* welche Endurtheile enthalten, sollen für ähnliche Fälle Gesetz sein, *c. 3. 12 pr. C. h. t. (1. 14).*

3. *Epistolae* sind die in Briefform erlassenen kaiserlichen Constitutionen. Zu ihnen gehören die *mandata* und *rescripta:*

a) *Mandata* sind Instructionen an die kaiserlichen Beamten für ihre Geschäftsverwaltung, namentlich an die Provinzial-Magistrate. Sie hatten Gesetzeskraft für die Provinz, an deren *praeses* sie erlassen waren. Manche Mandate enthielten auch allgemeine privatrechtliche Vorschriften, die als solche überall zur Geltung kamen. Vgl. *l. 6 pr. D. de extr. crim.* (*47. 11*), *l. 10 D. de cust.* (*48. 3*), *l. 27 §. 2 D. de poen.* (*48. 19*).

b) *Rescripta* sind Antworten des Kaisers auf das schriftliche Gesuch einer Partei (*preces* oder *libellus*) oder einer Behörde (*relatio* oder *consultatio*), in welchem von ihm die Entscheidung eines Rechtsfalles erbeten wurde, *C.* (*1. 19*), *C.* (*7. 61. 62*).

Ein Rechtsstreit konnte auf verschiedene Weise an den Kaiser gebracht werden:

α. wenn er als Magistrat die Jurisdiction auf dem Forum ausübte; hier verfuhr er wie der Prätor: er ernannte entweder nach Einleitung des Processes einen *iudex* für die *causae cognitio* und Entscheidung der Sache, oder er entschied sie *extra ordinem* selbst durch ein *decretum;*

β. durch Appellation gegen ein richterliches Urtheil; hier nahm der Kaiser die *causae cognitio* vor und entschied durch *decretum;*

γ. durch ein Bittschreiben, in welchem der Kaiser von einer Partei um die Entscheidung eines Rechtsstreites ersucht wurde; hier traf entweder der Kaiser selbst die Entscheidung nach vorgängiger *causae cognitio* durch *decretum,* oder er gab in einem Antwortschreiben (*rescriptum*) die Entscheidung unter der Bedingung: *si preces veritate nitantur.* Auf Grund dieses Rescripts musste dann eine vom Kaiser beauftragte Behörde, oder nach seinem Willen das ordentliche Gericht die Wahrheit der vom Bittsteller behaupteten Thatsachen untersuchen und eventuell den Process nach Inhalt des Rescripts entscheiden.

In ähnlicher Weise konnten auch Behörden, denen ein zweifelhafter Rechtsfall zur Entscheidung vorlag, den Kaiser um Belehrung über den anzuwendenden Rechtssatz durch ein rescriptum bitten. Justinian verbot dies, Nov. 125.

Bei Anfragen von Behörden hatte das *rescriptum* die Form einer *epistola* d. i. eines selbständigen Antwortschreibens, in besonders solenner Ausfertigung *sanctio pragmatica* genannt; bei Anfragen von Privatpersonen hatte das *rescriptum* die Form einer *adnotatio* oder *subscriptio:* die Antwort wurde unter die Bittschrift gesetzt *c. 7 C. de div. rescr.* (*1. 23*).

Die Geltung der *rescripta* beschränkte sich auf die darin entschiedenen Fälle. Wenn sie aber allgemeine Entscheidungsgründe enthielten (*rescripta generalia*), so wurden diese durch die

Rechtswissenschaft allgemeine Rechtsvorschriften; vgl. *l. 89 D. ad leg. Falc.* (*35. 2*), *l. 1 §. 2 D. de fugit.* (*11. 4*).

Die Abfassung der kaiserlichen Constitutionen erfolgte seit dem Ende des 3. Jahrh. nach bestimmten Kanzleivorschriften in verschiedener Weise nach Gegenstand und Bestimmung der einzelnen Constitution. Immer aber enthielten sie: 1. eine *inscriptio* d. i. den Namen des Kaisers, der sie erlässt, und der physischen oder juristischen Person, an welche sie gerichtet ist; 2. eine *subsriptio* d. i. die Angabe des Ortes und der Zeit der Ausfertigung.

II. Erhalten sind uns die kaiserlichen Constitutionen nicht blos in den Schriften der römischen Juristen durch Inhaltsangaben sondern eine grosse Anzahl haben wir in ihrer ursprünglichen Form durch die auf uns gekommenen Constitutionensammlungen der Römer: *codices constitutionum*. Solche Sammlungen wurden nothwendig, weil namentlich die *decreta* und *rescripta*, da sie nicht öffentlich bekannt gemacht wurden, von Niemanden übersehen werden konnten, und deshalb ihre Anwendung vom Zufall abhing. Zu diesen Sammlungen, die seit Kaiser Diocletian veranstaltet wurden, gehören:

1. der *Codex Gregorianus*, enthaltend eine Privatsammlung der Constitutionen von Hadrian bis Diocletian, nach Materien in Büchern und Titeln geordnet, von einem sonst unbekannten Verfasser; sie ist wahrscheinlich unter Diocletian und auf dessen Veranlassung gemacht.

2. der *Codex Hermogenianus*, ein Nachtrag zu dem ersteren, ebenfalls eine Privatsammlung aus dem 4. Jahrh. Von beiden Sammlungen besitzen wir nur wenige Bruchstücke aus anderen Sammlungen. Die neueste Ausgabe ist von G. Haenel im 2. Bande des Bonner *Corpus iuris civilis anteiustinianeum* 1837.

3. der *Codex Theodosianus*, eine officielle Sammlung des Kaisers Theodosius II. enthaltend die Constitutionen von Constantin bis auf Theodosius. Er wurde von 16 Beamten in der Zeit von 429 bis 438 nach dem Vorbilde der beiden früheren *codices* abgefasst und enthält mehr als 2000 Constitutionen, aber mit Aenderungen und Abkürzungen. Von den 16 Büchern, in die er zerfällt, sind nur Buch 6 bis 16 in ursprünglicher Gestalt, Buch 1 bis 5 grösstentheils nur in dem Auszuge der *lex Romana Visigothorum* erhalten. Die neueste Ausgabe ist von G. Haenel im *Corp. iur. civ. antej* 1842. Unter den älteren Ausgaben ist hervorzuheben die von *Jacobus Gothofredus* mit ausgezeichnetem

Commentar 1655, vermehrt von Daniel Ritter, Leipzig, 1736—1743;

4. die *Novellae leges.* Kaiser Valentinian III. publicirte den *Codex Theodosianus* auch für das weströmische Reich und bestimmte: die *novellae leges* aus beiden Reichen sollten dem *Codex Theod.* zugefügt werden. Dies ist bis zum Jahre 468 von den beiden Kaisern und ihren Nachfolgern geschehen. Man nennt deshalb diese neuen Gesetze auch *novellae Theodosianae.* Herausgegeben sind sie von G. Haenel, Bonn 1844.

§. 18.

5. Reponsa prudentium.

Ueberbleibsel von den Schriften der römischen Juristen.

I. In der ältesten Zeit stand die Rechtspflege im engsten Zusammenhange mit dem Religionswesen, z. B. durch die *fasti* d. i. durch die Tage, an welchen *sine piaculo* gerichtliche Handlungen vorgenommen werden konnten, die einen wichtigen Theil des Kalenders bildeten, ferner durch die Familiensacra, welche auf dem Vermögen lasteten, u. s. w. Deshalb befand sich die Rechtspflege, wie das Religionswesen, in den Händen des *collegium pontificum.* Von diesem Collegium blieben die Plebejer bis zum 6. Jahrh. d. St. ausgeschlossen. Es war daher in dieser Zeit, wie die Rechtspflege, auch die Rechtskunde und die Fortbildung des römischen Rechts vornämlich Sache der Patricier.

Als die Plebejer sich in den XII Tafeln ein geschriebenes festes Recht errungen hatten, legten sie natürlich auf die Worte des Gesetzes das grösste Gewicht und liessen nichts als Recht gelten, was nicht aus diesen Worten hergeleitet werden konnte. Dadurch wurde die Wortinterpretation der Gesetze ein Princip des alten Rechts. Dies Princip stellten die XII Tafeln für den Inhalt der Rechtsgeschäfte ausdrücklich auf; über diesen soll das Wort entscheiden: *uti lingua nuncupassit, ita ius esto.* Nach diesen beiden Principien durften subjective Rechte nur anerkannt werden, wenn sie sich auf den bestimmten Ausspruch eines Gesetzes und des zu ihrer Entstehung erforderlichen Rechtsgeschäfts stützen liessen. Daraus ergab sich die nothwendige Consequenz, dass jedes subjective Recht auch bei seiner Verfolgung im Processe in den Worten des Gesetzes, in dem es sich gründete, formulirt und seine Entstehung durch den Inhalt des abgeschlossenen Rechtsgeschäfts bewiesen werden musste. Demgemäss erfolgte die Fortbildung des in den XII Tafeln und in späteren Gesetzen aufgestellten Rechts zunächst in folgender Weise:

1. durch die *interpretatio duodecim tabularum:* diese bestand nicht blos in der Auslegung der Gesetzesworte, sondern in der Abstraction von Rechtsregeln und neuen Rechtssätzen aus den Worten, sowie in der Verknüpfung des neu entstehenden Gewohnheitsrechts mit den XII Tafeln durch Ableitung desselben aus ihren Worten;

2. durch die Bildung von Geschäftsformeln für die Abschliessung der verschiedenen Rechtsgeschäfte nach ihrem wesentlichen Inhalt: *mancipatio, in iure cessio, nexum, stipulatio,* die Formen für die Adoption, Arrogation, *manus,* Erbeinsetzung, Vermächtnisse u. s. w.;

3. durch die Bildung der *legis actiones* d. i. der Klagformeln für die gerichtliche Geltendmachung aller in den Gesetzen anerkannten subjectiven Rechte. Damit standen für die Parteien wie für den Richter die klagbaren Ansprüche nach Inhalt und Form fest; andere als die anerkannten Klagformeln wurden überhaupt nicht zugelassen.

Diese Fortbildung des alten römischen Rechts vollzog sich nicht in Schriften, sondern in der Praxis. Diese bildete die Thätigkeit der ersten römischen Juristen, *iurisconsulti*, *iurisprudentes* oder schlechthin *prudentes* genannt. Diese ersten Juristen waren die *pontifices.* Sie waren, weil sie bei der Rechtspflege das Recht zur Anwendung zu bringen hatten, auch vornämlich die Rechtskundigen, die Jeder befragte, der rechtlichen Rathes bedurfte. Dadurch gewannen die Patricier einen erheblichen Einfluss auf das römische Volk. Um denselben nicht zu verlieren, waren sie bemüht, die Kenntniss des Rechts geheim zu halten, namentlich die Kenntniss der Geschäfts- und Klagformeln. Gegen das Jahr 450 a. u. c. versuchte ein Schreiber des Appius Claudius Namens Cneius Flavius dieser Ausschliesslichkeit der patricischen Rechtskunde ein Ende zu machen: er veröffentlichte eine seinem Herrn entwendete Sammlung der *legis actiones* und der *fasti* und wurde für diesen dem Volke geleisteten Dienst zum *tribunus plebis* gewählt. Diese Schrift erhielt den Namen: *ius civile Flavianum, l. 2 §. 5. 6. 7. 12. D. de O. I. (1. 2).*

II. Die eigentliche wissenschaftliche Behandlung des römischen

Rechts nahm ihren Anfang erst seit dem 6. Jahrh. d. St., als neben das *ius civile* das *ius honorarium* und das *ius gentium* getreten war. Um diese Zeit beginnt sich in Folge des Eintritts der Plebejer in den Pontificat ein selbständiger Stand der Juristen zu bilden. Gleich der erste plebejische *pontifex maximus* Namens Tiberius Coruncanius (502 a. u. c.) erbot sich, in Rechtssachen öffentlich Rath und Belehrung zu ertheilen *(ius civile publice profiteri coepit)*; damit entzog er der Rechtskunde ihren bisherigen Character als einer geheimen Wissenschaft der Patricier, *l. 2 §. 35 D. de O. I. (1. 2).* Seitdem widmete sich dieser Thätigkeit Jeder, der Neigung und Beruf dazu fühlte. Die Geschäfte eines solchen *prudens* waren: Praxis, Abfassung von Büchern für die Praxis, und Rechtsbelehrung.

1. Praxis. Diese bestand im *agere* d. i. Führung von Processen, im *cavere* d. i. Ertheilung von Rath über vorsichtige Abschliessung von Rechtsgeschäften, und im *respondere* d. i. Ertheilung von Rechtsgutachten in Rechtsfällen, *Cicero, de orat. I. 48.* Solche *responsa prudentium* erbaten sich einerseits die Jurisdictionsmagistrate und *iudices,* die zu ihrem Amt ohne Rücksicht auf Rechtskenntniss berufen wurden und sich deshalb bei der Verwaltung desselben durch Rechtskundige berathen liessen, andererseits Privatpersonen, die Processe führten. Hier begleitete der *prudens* seine Partei vor das Gericht und gab über die streitige Sache mündlich sein *responsum* ab. Hatte auch die andere Partei einen *prudens* und wurde von diesem ein widersprechendes *responsum* ertheilt, so kam es zur *disputatio fori,* in welcher jeder *prudens* sein Gutachten vertrat. Der *iudex* hatte dann die Wahl, ob er sich das eine oder andere Gutachten aneignen, oder beide verwerfen und den Process nach seiner eigenen Rechtsansicht entscheiden wollte. Während der Republik hatten die *responsa prudentium* keine Gesetzeskraft. Gleichwohl waren sie eine wichtige Quelle für die Fortbildung des römischen Rechts, weil die *disputatio fori* den ersten Grund zu seiner wissenschaftlichen Behandlung legte. Wenn man über die Entscheidung eines Rechtsfalles stritt, weil der anzuwendende Rechtssatz nicht unmittelbar im positiven Rechte enthalten war, so musste man die allgemeinen Principien, unter welchen jener Fall stand, durch wissenschaftliche Thätigkeit ermitteln und aus ihnen durch consequente Folgerungen den auf den streitigen Fall anzuwendenden Rechtssatz ableiten. Deshalb wurde durch die *responsa prudentium* zwar kein neues

Recht aufgestellt, aber der volle Inhalt des vorhandenen zum Bewusstsein gebracht durch Darlegung der unausgesprochen in ihm liegenden Principien und der Consequenzen, welche sich aus diesen Principien ergaben, d. i. durch eine *interpretatio*, die sich nicht mehr, wie ursprünglich, blos auf die Worte, sondern auf den Geist, *(ratio)* der Gesetze stützte. Die Römer nennen daher das durch die *responsa* aus den Quellen des *ius civile (leges, plebiscita, constitutiones principum)* hergeleitete Recht, weil es in diesen Quellen enthalten war, auch *ius civile:* die *responsa* bewirkten die wissenschaftliche Entfaltung des römischen Rechts und wurden dadurch eine Quelle für seine Fortbildung *l. 2 §. 5. 12. D. de O. I. (1. 2), l. 7 D. de I. et I. (1. 1).*

2. Abfassung von Büchern für die Praxis. Das erste juristische Werk dieser Art war, abgesehen vom *ius civile Flavianum,* welches nur die Klagformeln und die *fasti* enthielt, das *ius Aelianum* von *Sextus Aelius Catus* aus der Mitte des 6. Jahrh. d. St., auch *tripertita* genannt, weil es drei Theile umfasste: das Recht der XII Tafeln, die *interpretatio duodecim tabularum* und die *legis actiones* aus den späteren Gesetzen, die im *ius Flavianum* fehlten. Den Klagformeln war in diesem Werke schon eine Darstellung des materiellen Rechts vorangestellt. Der Jurist *Sextus Pomponius,* der eine kurze, hier schon wiederholt citirte, Rechtsgeschichte schrieb, die in Justinians Digesten *(l. 2 D. de O. I. 1. 2)* aufgenommen ist, sagt deshalb vom *ius Aelianum: qui liber veluti cunabula iuris continet.* Als die eigentlichen Begründer der Rechtswissenschaft bezeichnet er drei Juristen, die zu Ende des 6. Jahrh. d. St. lebten: *Publius Mucius et Brutus et Manilius, qui fundaverunt ius civile*, und als den ersten Verfasser eines Systems des Civilrechts nennt er den *pontifex maximus Quintus Mucius Scaevola* aus der zweiten Hälfte des 7. Jahrh. d. St.: *ius civile primus constituit generatim in libros decem et octo redigendo, l. 2 §. 7. 35—41. D. de O. I. (1. 2).* — Von den Schriften dieser und anderer Juristen aus der Zeit der Republik ist uns in ursprünglicher Gestalt nichts erhalten. Auch die mittelbare Ueberlieferung durch andere Schriftsteller beschränkt sich auf einzelne Citate; gesammelt sind sie von Huschke, *Jurisprudentiae anteiustinianeae quae supersunt. Edit. quarta 1879.*

3. Rechtsbelehrung. Wer sich dem Berufe eines *prudens* widmen wollte, verschaffte sich die dazu erforderlichen Kenntnisse zunächst durch Theilnahme an den praktischen Geschäften

eines angesehenen Juristen. Diese Theilnahme zum Zweck der Belehrung bestand im *audire* d. i. Zuhören bei der Ertheilung von rechtlichem Rath; davon hiessen die angehenden Juristen *auditores*. Mit dem *audire* verband sich ein *instituere* d. i. die Ertheilung eines zusammenhängenden theoretischen Unterrichts und schliesslich eine *instructio* d. i. eine ausserordentliche Förderung durch directe Anleitung zur Praxis, zur Abfassung von Urkunden u. s. w. Dies war die älteste Gestalt des Rechtsunterrichts; öffentliche Rechtsschulen, in denen Unterricht ertheilt wurde, an dem Jeder Theil nehmen konnte, gab es während der Republik noch nicht, *l. 2 §. 43. 47. D. de O. I. (1. 2).*

III. Den grössten Einfluss auf die Entwickelung des Rechts erhielt der Juristenstand in den ersten Jahrhunderten der Kaiserzeit: von Augustus bis Alexander Severus (235 p. Chr). Dies ist die Blüthezeit der römischen Rechtswissenschaft: die Zeit der classischen Juristen. Die Thätigkeit der *prudentes* blieb zwar im Allgemeinen dieselbe, wie zur Zeit der Republik: Praxis, Abfassung von Büchern und Rechtsbelehrung, aber ihre Aussprüche in der Praxis und in ihren Schriften, die bisher vom Richter verworfen werden konnten, erhielten *ex auctoritate principis* gesetzliche Kraft, ihre Werke gewannen an Gründlichkeit und Tiefe, und der Rechtsunterricht vervollkommnete sich.

1. Die Praxis bestand auch jetzt im *agere, cavere* und *respondere*. Für das Respondiren führte aber Kaiser Augustus eine neue eigenthümliche Einrichtung ein: er ertheilte einzelnen Juristen das *ius respondendi* d. i. das Privilegium, *ex auctoritate principis* zu respondiren, mit der Bestimmung, dass ihre *responsa* schriftlich und versiegelt ausgestellt werden sollten. Andern Juristen wurde dadurch das Recht, Gutachten zu geben, nicht entzogen, aber das *responsum* eines privilegirten Juristen sollte für den Richter grössere Autorität haben: *Augustus, ut maior iuris auctoritas haberetur, constituit, ut ex auctoritate eius responderent, l. 2 §. 47 D. de O. I. (1. 2).* Diese grössere Autorität konnte nur darin bestehen, dass es *legis vicem* hatte, dass der Richter es nicht verwerfen und den Process nicht nach seiner eigenen Rechtsansicht oder nach dem abweichenden *responsum* eines nicht privilegirten Juristen entscheiden durfte. Auch die Nachfolger des Kaisers Augustus behielten die besondere Verleihung des *ius respondendi* bei, die keinen andern Zweck hatte, als die angesehenen Juristen in den Dienst des Kaisers zu stellen, um ihre Unabhängigkeit zu

beschränken: wenn sie *ex auctoritate principis* respondirten, waren sie der Sache nach kaiserliche Beamten, die bei der Fortbildung des Rechts durch ihre *responsa* auf den Willen des Kaisers Rücksicht nehmen mussten. Um diesen Preis sollten ihre *responsa* als vom Kaiser ausgehende betrachtet und deshalb mit Gesetzeskraft ertheilt werden, wenn die Ertheilung schriftlich und versiegelt und damit in einer Form geschah, welche den Richter gegen die Möglichkeit einer Fälschung sicher stellte. Diese Gesetzeskraft übertrug sich von den *responsa* der privilegirten Juristen auf die in ihren Schriften ausgesprochenen Ansichten. Die Frage, wie es zu halten sei, wenn privilegirte Juristen in einem Processe widersprechende *responsa* ertheilten, oder sich in den Schriften lebender oder verstorbener privilegirter Juristen widersprechende Entscheidungen fanden, beantwortete sich für den ersten Fall von selbst dahin, dass dem Richter, da beide *responsa* gleiche Kraft hatten, die freie Wahl unter ihnen zustehe. Für die in den Schriften enthaltenen Ansichten, die auch *responsa prudentium* genannt wurden, stellte Kaiser Hadrian folgende Vorschrift auf: die *sententiae* d. i. die übereinstimmenden Ansichten aller privilegirten Juristen sollen *legis vicem*, dagegen die *opiniones* d. i. die widersprechenden Ansichten der privilegirten Juristen sollen gleiche Kraft, und deshalb der Richter unter ihnen die Wahl haben, *Gaius I. 7. § 8. I. de iure nat. (1. 2)*. So erhielt in der Kaiserzeit auch die Rechtswissenschaft in Gestalt der *responsa prudentium* Gesetzeskraft. Bis dahin beschränkte sich ihre Aufgabe auf die Fortbildung des Rechts durch *interpretatio*, ursprünglich aus dem Wort, später nach dem Geist der Gesetze. Jetzt nahm sie bei der Behandlung des Rechts den freieren legislativen Standpunkt ein. Deshalb bezeichnen die Römer die privilegirten Juristen als *prudentes, quibus permissum est, iura condere,* oder als *auctores* oder *conditores iuris*, und nennen im Gegensatz zu ihnen die Juristen vor Augustus die *veteres* oder *antiqui*. Unter ihrem Einfluss steht jetzt jedes andere rechtsbildende Organ: die *edicta magistratum* wie die *constitutiones principum* werden, wenn nicht auf ihre Veranlassung, doch nur unter ihrem Beirath erlassen. Und durch ihre Thätigkeit werden beide Theile des römischen Rechts, das *ius civile* und das im *ius honorarium* enthaltene *ius gentium,* auf ihre Principien, auf die *civilis* und auf die *naturalis ratio,* zurückgeführt, um bei der Fortbildung des Rechts, wie es jetzt der Geist des römischen Volkes forderte, vornämlich der *naturalis ratio* zu folgen. Dadurch gaben sie dem römischen Recht den universalen Charakter, der im Mittelalter seine Reception bei fremden Völkern ermöglichte.

2. Die Rechtsbelehrung bildete sich jetzt zum schulmässigen Unterricht aus. Es entstanden öffentliche Rechtsschulen. Unter den ersten Kaisern waren diese Schulen nur Privatanstalten, später auch Staatsanstalten; die erste Staatsanstalt wurde in Rom, wahrscheinlich von Hadrian gestiftet. Mit der Entstehung der öffentlichen Rechtsschulen hängt, wie es scheint, die Entstehung der beiden berühmten *scholae* oder *sectae* unter den römischen Juristen zusammen, von denen die eine Secte die Proculianer, die andere die Sabinianer oder Cassianer genannt wurde. Den ersten Anlass zu dieser Spaltung gab ein wissenschaftlicher Gegensatz zwischen den beiden bedeutendsten Juristen unter Kaiser Augustus: zwischen Q. Antistius Labeo und C. Ateius Capito. Beide waren Lehrer und Schriftsteller, jener ein Mann von Talent und grosser philosophischer Bildung, der sich in Folge dessen durch die Begründung neuer Rechtsansichten mit der traditionellen Jurisprudenz in Widerspruch setzte, während dieser an dem Ueberlieferten festhielt. Die dadurch unter ihnen entstandenen Controversen, welche sich durch ihre Schüler fortsetzten und vermehrten, führten auch zu einem Gegensatz unter den Schulen für den Rechtsunterricht. Zur Zeit des Gellius (150 p. Chr.) gab es in Rom eine grössere Zahl von öffentlichen Rechtsschulen, die man *stationes ius publice docentium,* aber auch *scholae* oder *auditoria* nannte, *Gellius, Noct. Att. XIII. 13.*

Stationes hiessen sie, weil der Unterricht nicht im Hause des Lehrers, sondern in besonders dafür bestimmten Räumlichkeiten ertheilt wurde, die in der Nähe öffentlicher Bibliotheken gelegen waren. Unter den verschiedenen *scholae* in Rom zeichneten sich zwei besonders aus: die des Capito und des Labeo. Jene, in welcher die Schüler des Capito und deren Schüler lehrten, hiess nach einem unmittelbaren Schüler des Capito Namens Massurius Sabinus die *schola Sabinianorum,* oder nach dessen Nachfolger Cassius Longinus auch die *schola Cassiana;* diese, in welcher Schüler des Labeo an dessen Stelle traten, hiess nach seinem zweiten Nachfolger Proculus die *schola Proculianorum* oder *Proculeianorum.* Wenn sie ihren Namen nicht von Capito und Labeo erhielten, so hatte dies wohl darin seinen Grund, dass erst die Nachfolger den Unterricht in einer festen *statio* ertheilten. Die beiden Schulen der

Sabinianer und Proculianer waren also nicht nur zwei wissenschaftliche Parteien, wie Puchta Curs. d. Instit. I. S. 384 annimmt, sondern zwei verschiedene Lehranstalten, in welchen mehrere Generationen hindurch der Schüler dem Lehrer folgte und deshalb *(„auctorum successione")* bestimmte Ansichten traditionell fortgepflanzt wurden, *l. 2 §. 13. 47 D. de O. I. (1. 2)*. Demgemäss spricht der Jurist Gaius, der zu Hadrians Zeit lebte und ein Sabinianer war, von *nostri praeceptores* und *nostrae scholae auctores* oder *nostra schola,* um die *statio* zu bezeichnen, in welcher er unterrichtet war, und stellt ihr die daneben bestehende Schule der Proculianer als *diversa schola*, und die Lehrer in derselben als *diversae scholae auctores* gegenüber; vgl. Bremer, die Rechtslehrer und Rechtsschulen im röm. Kaiserreich. S. 68. 1868. Bis in die Zeit nach Hadrian dauerten die beiden Schulen fort; von da ab verschwinden sie, wahrscheinlich in Folge einer Aenderung des äussern Unterrichtswesens, welche die jetzt beginnenden Stiftungen von Staatsanstalten für den Rechtsunterricht in Rom und in den Provinzen veranlassten.

In den *stationes ius publice docentium* wurde der jetzt im Vordergrund stehende theoretische Rechtsunterricht ertheilt. Die Schüler, welche an demselben Theil nahmen, hiessen *iuris studiosi,* die *praeceptores* oder *magistri,* welche ihn ertheilten, wurden *iuris civilis professores* genannt: sie waren von der Uebernahme einer Vormundschaft frei, wenn sie eine *professio* d. i. eine protocollarische Erklärung über ihren Beruf als Lehrer abgaben. Wer an ihrem Unterricht Theil nehmen wollte, hatte an den Professor im Voraus ein gewisses Honorar zu zahlen; eine Klage auf Zahlung galt aber als *inhoneste* und war deshalb ausgeschlossen, *l. 1 §. 5 D. de extr. cogn. (50. 1).* In dieser Stelle muss statt *sacramenti efferri* gelesen werden *sacrarii offerri;* vgl. Bremer, *a. a. O. S. 5 ff.*

Neben den *stationes ius publice docentium* gab es nach Gellius l. c. noch *stationes ius publice respondentium.* Dies waren Räumlichkeiten, in welchen öffentlich vor dem Publicum concrete Rechtsfragen zwischen dem Fragesteller und dem Respondenten verhandelt und entschieden wurden, praktische wie theoretische. Jedem, der Rath, Belehrung oder Unterhaltung suchte, stand der Zutritt offen; deshalb verkehrten hier auch die vorgerückteren *iuris studiosi,* um ihre Kenntnisse zu erproben und zu erweitern. Der Regel nach waren die *publice respondentes* zugleich *publice docentes:* nach der gewöhnlichen Laufbahn, welche die angesehenen Juristen machten, fingen sie als Respondenten und Lehrer an, um später in die Aemter und in den Rath des Kaisers einzutreten. Die Ansicht Puchta's a. a. O. S. 421, dass der Lehrberuf nur ein Metier der untergeordneten, nicht der berühmten Juristen gewesen sei, ist ein Irrthum; vgl. Bremer, a. a. O. S. 63. Derselbe Jurist fungirte an gewissen Tagen und zu gewissen Stunden als Docent, an andern Tagen als Respondent, und war dazu berechtigt, auch wenn er nicht zu den privilegirten Juristen gehörte; *publice respondere* und *ex auctoritate principis respondere* sind daher verschiedene Begriffe. Bei dem *publice respondere* kam es über die vorgelegten Rechtsfragen *(quaestiones)* zu lebhaften Debatten *(disputationes)*, an denen sich neben dem Fragesteller und Respondenten auch jeder Andere betheiligen konnte. Diese Debatten, in welchen natürlich auch der Gegensatz der beiden Schulen hervortrat, schärften die juristische Dialectik und gaben den Respondenten wissenschaftliches und praktisches Material, welches sie literarisch verwertheten in Werken, die sie unter dem Titel: *libri publicarum disputationum* oder *quaestionum publice tractatarum* oder *responsorum* publicirten, Bremer, a. a. O. S. 19 ff.

3. Die Abfassung von Büchern erfolgte theils für die Zwecke des Unterrichts, theils für die Bedürfnisse der Praxis unter den verschiedenartigsten Titeln. Die Werke über das Privatrecht lassen sich in folgende Hauptklassen theilen:

a) grössere Werke über das *ius civile:* diese bestanden in Commentaren zu den XII Tafeln und anderen *leges*, und in *libri iuris civilis* d. i. Systemen des Civilrechts. Ein solches System schrieb Massurius Sabinus; dies wurde die Grundlage für die späteren Darstellungen, die deshalb den Titel *libri ad Sabinum* erhielten;

b) grössere Werke über das *ius praetorium:* dies waren Commentare *ad edictum*. Solche Commentare schrieben Pomponius, Gaius, Ulpianus, Paulus;

c) Lehrbücher für den ersten Rechtsunterricht: sie hiessen *institutiones*. Ein solches Lehrbuch, in welchem zuerst ein gemeinsames System des civilen und prätorischen Rechts aufgestellt wurde, schrieb Gaius; nach ihm Ulpianus, Paulus und Andere;

d) Casuistische Schriften *(quaestiones, disputationes, responsa)*,

Abhandlungen über einzelne Rechtsfragen, Auszüge aus andern Schriften *(libri epitomatorum)* und Bemerkungen zu anderen Schriften *(notae)*.

Die gesammelten und geordneten Werke eines Schriftstellers nannte man *Digesta* oder *Pandectae*.

Zu den bedeutendsten Juristen, die nach Kaiser Augustus lebten, zählen Massurius Sabinus unter Tiberius, Salvius Julianus, der Verfasser des *edictum perpetuum*, unter Hadrian und Antoninus Pius, Gaius unter Hadrian, Antoninus Pius und Marc Aurel, und Aemilius Papinianus, Domitius Ulpianus, Julius Paulus unter Septimius und Alexander Severus. Unter allen betrachteten die Römer selbst Papinianus als ihren ersten Juristen. Vgl. Puchta, a. a. O. §. 99. 100.

Wenn die Juristen der Kaiserzeit bis auf Alexander Severus als die classischen Juristen bezeichnet werden, so hat das darin seinen Grund, weil sie die productiven Juristen waren, welche aus den Rechtsinstituten und Rechtsregeln, die in den Edicten, Gesetzen und Constitutionen gegeben waren, die eigentliche Theorie des Rechts schafften. Besitz, Eigenthum, *iura in re*, Obligationen, Erbrecht, Verträge, Kauf, Tausch, Klagen u. s. w. waren gegebene Rechtsinstitute, aber die Begriffe dieser Institute beruhten ursprünglich nur auf der natürlichen Anschauung und deshalb nur auf dem Gefühl, nicht auf sicherer Erkenntniss. Es war die Aufgabe der Wissenschaft, diese natürlichen Begriffe umzuwandeln in feste Rechtsbegriffe d. h. sie rechtlich zu fixiren durch Feststellung ihrer Erfordernisse und ihrer Wirkungen, sowie ihrer Beziehungen zu und ihrer Verschiedenheiten von andern Begriffen. Dieser Aufgabe unterzogen sich die classischen Juristen durch eine wissenschaftliche Thätigkeit, welche nicht die nationale Gestaltung des römischen Rechts, sondern die Natur und das Wesen des Rechts und der menschlichen Verhältnisse überhaupt zur Grundlage hatte. Sie construirten die Rechtsbegriffe aus den natürlichen und logischen Elementen der Lebensverhältnisse und bildeten durch eine diesen Verhältnissen entsprechende Durchführung der einzelnen Elemente vermöge ihres angeborenen Talents ein so vollendetes Rechtssystem aus, wie es keinem andern Volke gelungen ist. Dadurch wurde im Mittelalter das römische Recht die Grundlage unseres heutigen Rechts (§ 1): um die römische Jurisprudenz zu recipiren, wurde bei uns das römische Recht recipirt. Vgl. Bruns, Geschichte und Quellen des röm. Rechts in von Holtzendorff's Encyclopädie §. 27 S. 91 ff.

Von den Werken der classischen Juristen sind uns nur Excerpte und einzelne Fragmente erhalten:

1. Die Excerpte bilden die Pandecten Justinians. Sie enthalten Auszüge aus den Werken von 39 Juristen, von denen 34 der Blüthezeit der Jurisprudenz angehören.

2. Die Fragmente, die wir besitzen, enthält die Sammlung von Huschke, *Iurisprud. anteiust. quae supersunt. Edit. quarta 1879.* Die wichtigsten Bruchstücke sind:

a) *Gaii institutionum commentarii quatuor*, die 1816 von Niebuhr in der Bibliothek des Domcapitels zu Verona in einem *Codex rescriptus* d. i. in einer palimpsesten Handschrift entdeckt wurde; drei Blätter in derselben fehlen, andere lassen sich nicht vollständig entziffern. Der Verfasser war als praktischer Jurist nicht angesehen, hatte wahrscheinlich kein *ius respondendi,* aber sein Werk ist heute für die Rechtsgeschichte von grosser Wichtigkeit, weil es das gemeinsame System des civilen und prätorischen Rechts historisch darstellt. Von den Ausgaben sind hervorzuheben die grosse von Lachmann, Berlin 1842 und die Handausgabe von Böcking, Leipzig 1866. Eine neue erfolgreiche Revision der Handschrift enthält Studemund, *Gaii inst. comm. IV. Cod. Veron. denuo collati apographum.* Lips. 1874. 4. Nach ihr Ausgabe für den akademischen Gebrauch von Paul Krüger und Studemund, Berlin 1877;

b) ein Auszug aus *Ulpiani liber singularis,* heute *Ulpiani fragmenta* genannt, entdeckt im 16. Jahrh. von Tilius in einer Handschrift der Vaticanischen Bibliothek. Ausgaben von Böcking, Leipzig 1855, Vahlen, Bonn 1856, P. Krüger, Berlin 1878.

c) ein Auszug aus *Pauli sententiarum receptarum ad filium. libri V.*, der in die *lex Romana Visigothorum* aufgenommen wurde. Ausgaben von Arndts, Bonn 1833, P. Krüger, Berlin 1878. Vgl. Puchta, a. a. O. §. 104.

IV. In der Zeit nach Alexander Severus beginnt der Verfall der röm. Jurisprudenz. Die Productivität der Juristen hört vollständig auf. Die Gesetzgebung concentrirt sich ausschliesslich in der Person des Kaisers, das *ius respondendi* wird nicht mehr verliehen, *c. 1. 12 C. de legib. (1. 14).* Nur durch die *constitutiones principum,* die der Kaiser jetzt gewöhnlich in Gestalt eines Schreibens an einen Beamten Zwecks ihrer weiteren Publication erlässt, erfolgt die Fortbildung des Rechts und zwar im Geiste des *ius gentium,* da das römische Reich aus den verschiedensten Nationalitäten bestand. In der Praxis wurden die alten Gesetze, Edicte, Senatusconsulte unmittelbar gar nicht mehr gebraucht, sondern statt dessen die Schriften der früheren privilegirten Juristen, in welchen sie bequem für den praktischen Gebrauch bearbeitet waren; und die wissenschaftliche Thätigkeit beschränkte sich darauf, diese Schriften durch Commentare zu erläutern und zu bearbeiten. Demgemäss gab es zwei Quellen, aus welchen man jetzt das in der Praxis anzuwendende Recht entnahm: die juristischen Bücher und die kaiserlichen Constitutionen. Jene bezeichnete man durch den Ausdruck *ius, ius vetus* oder *iura,* diese durch *constitutiones* oder *leges.*

1. Für die Bücher der privilegirten Juristen galt die oben erwähnte Vorschrift Hadrian's, nach welcher die Gesetzeskraft ihrer Aussprüche Einstimmigkeit voraussetzte. Bei der Schwierigkeit, diese Einstimmigkeit im concreten Fall zu untersuchen, wurde die Vorschrift in der Praxis nicht beachtet; die Praktiker beschränkten sich auf den Gebrauch weniger Werke, wie Gajus Institutionen und Paulus receptae sententiae. Dies führte zu Klagen der Parteien über Willkür. Deshalb wurde die Sache durch das s. g. Citirgesetz von Theodosius II. und Valentinian III. 456 p. Chr neu geordnet, *c. 3 C. Th. de resp. prud. (1. 4).* Dasselbe stellte folgende Bestimmungen auf:

a) Die Juristen, die für eine Entscheidung citirt werden können, weil sie das *ius respondendi* hatten, sind Papinian, Paulus, Gaius, Ulpian und Modestinus sowie alle Juristen, die von diesen fünf irgendwo in ihren Schriften citirt sind. Diese Bestimmung sollte die in der Praxis entstandenen Zweifel, welche Juristen zu den privilegirten gehört hätten, beseitigen. Gaius gehörte wahrscheinlich nicht dazu; er erhielt erst durch dies Gesetz nachträglich das *ius respondendi.*

b) Alle Schriften von diesen Juristen dürfen citirt werden, ausgenommen die tadelnden *Notae* von Paulus und Ulpian zu Papinian.

c) Bei abweichenden Ansichten unter diesen Juristen hat die Gesetzeskraft, welche die Majorität für sich hat.

Mit diesem Gesetze war nichts gewonnen, weil die Practiker weder in der Lage waren, sich die Werke aller jener Juristen anzuschaffen, noch die Zeit hatten, nach ihnen die Majorität zu bestimmen.

2. Die kaiserlichen Constitutionen waren so zahlreich, dass Sammlungen ein dringendes practisches Bedürfniss wurden. Deshalb entstanden jetzt die oben (§. 17) erwähnten *codices constitutionum: codex Gregorianus, Hermogenianus* und *Theodosianus.*

Nach ihnen versuchte man auch Sammlungen herzustellen, in welchen das *ius* und die *constitutiones* vereinigt waren. Wir wissen von zwei solcher Sammlungen:

a) Die eine nennt man heute die *fragmenta Vaticana.* Dies sind Bruchstücke einer grösseren officiellen oder Privatsammlung aus dem 4. Jahr. p. Chr. auf 33 rescribirten Blättern, entdeckt 1823 in der Vaticanischen Bibliothek von A. Mai. Neueste Ausgabe mit Facsimile der Handschrift von Th. Mommsen, Berlin 1860.

b) Die andere heisst in den Handschriften *lex Dei,* heute *Collatio legum Mosaicarum et Romanarum,* wahrscheinlich gegen 400 p. Chr. für den Gebrauch in einem bischöflichen Gericht verfasst. Sie besteht aus 15 Titel Strafrecht und einem Titel Intestaterbrecht. Jeder Titel beginnt mit einer Stelle des mosaischen Rechts, ihr folgen Stellen aus dem römischen Recht: aus dem *ius* Auszüge aus den Schriften der im Citirgesetz genannten fünf Juristen, aus den *leges* Constitutionen aus dem Codex *Gregorianus* und *Hermogenianus.* Ausgaben von Blume, Bonn 1833, *Huschke, l. c. p. 627 ff. 1879.*

So hat das röm. Recht seine Fortbildung in mannigfaltigen Formen erhalten: 1. durch *leges, senatusconsulta, constitutiones principum* und *responsa prudentium;* sie sind die Quellen des *ius civile;* 2. durch die *edicta magistratum;* sie bilden das *ius honorarium.* Das *ius honorarium* bringt in das röm. Recht das *ius aequum* und das Element des *ius gentium,* dessen weitere Entwickelung durch die *responsa prudentium* und *constitutiones principum* dem römischen Rechte die Kraft gab, auf andere Zeiten und Völker überzugehen, *l. 7—9 D. de I. et I. (1. 1). I. de iur. nat. (1. 2).*

§. 19.

II. Die römischen Rechtsquellen bei den Germanen.

Als die germanischen Völker sich der Länder des weströmischen Reiches bemächtigten, liessen sie der unterjochten römischen Bevölkerung ihr bisheriges Recht. Es galt bei den Germanen das s. g. Princip der persönlichen Rechte: jedes Recht ist Volksrecht, es gilt nur für die Volksgenossen. Demgemäss lebten in den germanischen Reichen die Germanen nach germanischem, die Römer und die Kirche, als deren Heimath Rom betrachtet wurde, nach römischen Recht. In Folge dieses Rechtszustandes entstanden in den einzelnen germanischen Staaten neben den germanischen Volksrechten *(leges barbarorum)* besondere Gesetzbücher aus den Quellen des römischen Rechts für die römische Bevölkerung unter dem Namen: *leges Romanae.* Die Gestalt, in welcher dadurch das römische Recht in den einzelnen germanischen Staaten fortdauerte, war folgende:

1. Im westgothischen Reich, im südlichen Frankreich und Spanien, liess König Alarich II. im Jahre 506 p. Chr. ein Gesetzbuch für die Römer aus den beiden Quellen abfassen, welche im römische Reich in der Praxis gebraucht wurden: a) aus dem *ius* und zwar aus den Institutionen von Gaius, die auf zwei Bücher reducirt wurden, und aus Paulus *receptae sententiae;* ausserdem enthält es eine Stelle aus Papinianus *lib. I. responsorum;* b) aus den *constitutiones* und zwar aus dem *codex Gregorianus, Hermogenianus* und *Theodosianus.* Diese *lex Romana Visigothorum,* (Ausgabe von Haenel, 1847), nach ihrem Urheber auch *breviarium Alaricianum* genannt, wurde in Spanien im 7. Jahrh. durch eine neue *lex Visigothorum* verdrängt, welche das römische und gothische Recht vereinigte, im südlichen Frankreich aber im 12. Jahrh. durch Justinians Gesetzbuch. Ursprünglich besassen wir von Gaius Institutionen nur den Auszug im *breviarium* (den s. g. westgothischen Gaius) bis Niebuhr 1816 den ächten Gaius entdeckte.

2. Im burgundischen Reich, entstand zu Anfang des 6. Jahr. eine *lex Romana Burgundionum* (Ausgabe von Barkow, 1826), aus denselben Quellen wie das *breviarium* verfertigt. Nach der Eroberung des burgundischen Reiches durch die Franken (534) trat an ihre Stelle das *breviarum Alaricianum.* Heute pflegt man die *lex Romana Burgundionum* den Papian (d. i. eine Abkürzung von Papinian) zu nennen, weil eine alte Hand-

schrift den Titel: *Papianus lib. I. responsorum* hat. Dieser Titel verdankt seine Entstehung dem Irrthum eines Abschreibers. Es gab Handschriften in welchen die *lex Rom. Burg.* und das *breviarium* vereinigt waren. In Folge dessen hielt ein Abschreiber die Rubrik der Schlussstelle im *breviarium* für den Titel der *lex Rom. Burg.*

3. Im ostgothischen Reich in Italien gab der König Theodorich im Jahre 500 durch das *Edictum Theodorici*, welches aus Paulus *receptae sententiae* und den drei *codices* zusammengestellt war, ein gemeinschaftliches Gesetzbuch für die Gothen und Römer. Dasselbe enthielt aber nur Vorschriften über die Ehe, Grundbesitz und Sclaverei; im Uebrigen sollte für die römische Bevölkerung das bisherige römische Recht in Geltung bleiben. Nach der Eroberung Italiens durch Kaiser Justinian (553) traten seine Gesetzbücher an Stelle des *edictum Theodorici* und des älteren römischen Rechts. Als bald darauf die Longobarden in Italien eindrangen (568) wurden diese Gesetzbücher das persönliche Recht für die römische Bevölkerung im longobardischen Reich und blieben dies auch nach der Zerstörung desselben durch Karl den Grossen (774) unter der fränkischen Herrschaft, während die longobardische Bevölkerung nach longobardischem Recht lebte. Bei diesem Princip der persönlichen Rechte blieb es auch nach der s. g. Wiederherstellung des römischen Reiches durch Karl den Grossen, bis sich im 11. Jahrh. auf den longobardischen Rechtsschulen die Ansicht bildete, dass das römische Recht wegen seiner wissenschaftlichen Ausbildung als die *lex omnium generalis* zu betrachten sei, welche stets *in subsidium* zur Anwendung gebracht werden müsse. Diese Ansicht rief zu Anfang des 12. Jahrh. die s. g. Glossatorenschule in's Leben, die das römische Recht als das allgemein geltende Recht lehrte und die Reception der Justinianischen Gesetzgebung, von der die folgenden Paragraphen handeln, in Deutschland vermittelte (§. 1).

Eine ausführliche Darstellung der Schicksale des römischen Rechts in den germanischen Staaten enthält: v. Savigny. Geschichte des römischen Rechts im Mittelalter. 7 Bde. 1834—1851.

§. 20.

III. Justinian's Gesetzgebung.

1. Die einzelnen Rechtsbücher.

Justinian, geboren zu Tauresium in Illyrien, war der Sohn eines Hirten Sabbatius; seine Mutter hiess Bigleniza, er selbst Uprauda, dem der Name Justinianus nachgebildet sein soll. Sein Onkel Justinus, der sich vom gemeinen Soldaten zum Kaiser emporschwang, nahm sich seiner an. Er liess ihn studiren, machte ihn zum Staatsdiener und ernannte ihn schliesslich am 1. April 527 zum Mitkaiser. Am 1. August dieses Jahres wurde er durch Justinus Tod alleiniger Kaiser, fügte seinem Namen Justinianus den Namen Flavius hinzu, den seit Constantin alle Kaiser zu führen pflegten, und regierte bis zu seinem Tode 565.

Sein persönlicher Charakter liess viel zu wünschen übrig: er war habsüchtig, eitel, gewissenlos und grausam. Aber er hatte sich durch sein Studium und durch den Staatsdienst Kenntnisse erworben, welche ihm einen Einblick in die Mängel des bestehenden Rechtszustandes gaben und ihn befähigten, einen umfassenden Plan für die Verbesserung desselben zu entwerfen.

Die Quellen, welche das geltende Recht enthielten, waren beim Regierungsantritt Justinian's das *ius* und die *constitutiones* oder *leges*. Der Gebrauch des *ius* d. i. der Schriften der privilegirten Juristen war durch das s. g. Citirgesetz besimmt, allein dies Gesetz erwies sich als unausführbar, weil die Praktiker sich nicht alle diese Schriften anschaffen konnten und wollten, sondern mit einigen wenigen Büchern ihre Praxis besorgten, *c. 2 §. 17. C. de vet. iure enucl. (1. 17)*. Der Gebrauch der *constitutiones* war durch die Sammlungen in den drei *codices (codex Gregorianus, Hermogenianus* und *Theodosianus)* erleichtert, allein diese Sammlungen enthielten nicht die neuen Constitutionen, welche seit Theodosius erlassen waren. In beiden Quellen fand sich überdies viel antiquirtes Recht, welches im Lauf der Zeit seine Geltung verloren hatte. Dazu kam, dass die früher begonnene Entwickelung vieler auf diesen Quellen beruhenden Rechtsinstitute später vernachlässigt und nicht zu Ende geführt war. Die legislative Aufgabe, welche Justinian zu lösen hatte, bestand demgemäss einerseits darin, den beiden Rechtsquellen eine neue Form zu geben, welche das gegenwärtig geltende Recht in einer übersichtlichen, für den praktischen Gebrauch bequemen Zusammenstellung enthielt, andererseits darin, die in der Entwickelung stehen gebliebenen Rechtsinstitute durch die erforderlichen Gesetze zum Abschluss zu bringen.

Diese Aufgabe nahm Justinian in folgender Weise in Angriff.

I. Der s. g. alte Codex machte den Anfang seiner Gesetzgebung. Dies war eine am 7. April 529 publicirte Sammlung von

Constitutionen, in welcher aus den drei bisherigen Codices die gegenwärtig noch geltenden Constitutionen unter Hinzufügung der später erlassenen in einer besseren Ordnung zusammengestellt wurden. Die Abfassung erfolgte durch eine am 15. Februar 528 ernannte Commission von 7 Personen: Professoren, Beamten und Advocaten. Unter ihnen war der Advocat Tribonianus, ein talentvoller Mann, der alsbald von Justinian zum Justizminister erhoben wurde und in dieser Stellung die gesetzgeberischen Arbeiten nach dem Plan des Kaisers zu leiten hatte. Der alte Codex ist uns nicht erhalten, weil er bereits im Jahre 534 durch eine neue Redaction (siehe unten sub IV) wieder aufgehoben wurde. Wir haben nur die beiden Verordnungen, durch welche seine Abfassung verfügt und durch welche er publicirt wurde; sie sind in den Ausgaben des neuen Codex zu Anfang abgedruckt.

Nach der Vollendung der Constitutionensammlung wandte sich Justinian derjenigen Sammlung zu, welche das in den Schriften der Juristen enthaltene Recht begreifen sollte: den Pandekten oder Digesten. Diese forderten eine Vorbereitung durch Gesetze, welche einerseits die alten Controversen der privilegirten Juristen entschieden, da das Majoritätsprincip des s. g. Citirgesetzes sich nicht ausführen liess, und welche andererseits die durch den Einfluss des *ius gentium* abgestorbenen Institute ganz aufhoben, z. B. den Gegensatz des *dominium ex iure Quiritium* und *in bonis*, der *res mancipi* und *nec mancipi* etc. Zu beiden Zwecken erliess Justinian in den Jahren 529—531 mehr als dreihundert Gesetze. Fünfzig davon wurden zu einer besonderen Sammlung vereinigt. Dies waren die *quinquaginta decisiones*, die man heute die Decisionensammlung nennt; sie bestand aus fünfzig Entscheidungen von Controversen der privilegirten Juristen, welche an die Rechtsschulen geschickt wurden, *§. ult. I. de lib. (1. 5)*. Auf uns gekommen ist sie nicht.

II. Die Pandekten oder die Digesten wurden nur aus den Schriften der privilegirten Juristen entnommen; deshalb werden heute die privilegirten Juristen auch die recipirten Juristen genannt. Durch eine Constitution vom 15. December 530, nach ihren Anfangsworten *const. Deo auctore* genannt, beauftragte Justinian den inzwischen zum Minister ernannten Tribonianus, mit einer Commission von sechs Männern — Beamten, Advocaten und Professoren, unter ihnen Prof. Theophilus in Constantinopel und Prof. Dorotheus in Berytos — das praktisch Brauchbare aus den

Schriften der privilegirten Juristen, wörtlich zu excerpiren, soweit nicht, um Veraltetes oder Widersprüche zu beseitigen, Textänderungen nöthig waren, und die Excerpte in der Ordnung des prätorischen Edicts in 50 Büchern nach Titeln mit Inhaltsrubriken zusammenzustellen. Durch diese Excerptensammlung *(codex iuris enucleati)* sollte das mit dem codex *constitutionum* begonnene Gesetzbuch den zu seiner Vollendung erforderlichen zweiten Theil erhalten unter dem für geordnete Sammelwerke zur Zeit der classischen Juristen üblichen Titel *Pandectae* oder *Digesta.*

Dieser Auftrag kam in folgender Weise zur Ausführung:

1. Es wurde ein Verzeichniss der zu excerpirenden Schriften angefertigt. Dieses Verzeichniss heisst heute *index Florentinus,* weil es in der in Florenz befindlichen Handschrift der Pandekten enthalten ist. Es umfasste 250 Schriften von 39 Juristen und wurde den Pandekten als Register vorangestellt.

2. Für die Excerpirung wurden diese 250 Schriften nach ihrem Inhalte in 4 Classen getheilt: Civilrecht, prätorisches Recht, praktische Schriften *(responsa, quaestiones)* und Schriften gemischten Inhalts. Diesen vier Classen entsprechend zerfiel auch die Commission in vier Abtheilungen; jede excerpirte eine Classe, so dass vier Massen von Excerpten entstanden. Dabei wurden in den Excerpten diejenigen Aenderungen von Worten und Sätzen gemacht, welche, da die Pandekten nur praktisches Recht enthalten sollten, ihre Uebereinstimmung mit diesem forderte: statt *mancipatio* wurde *traditio,* statt *fiducia* wurde *hypotheca,* statt *cretio* wurde *aditio hereditatis* u. s. w. geschrieben. Diese Aenderungen nennt man heute *emblemata Triboniani* oder *interpolationes* und spricht bei den Stellen, welche solche Aenderungen enthalten, von einer *duplex interpretatio* d. i. von dem Sinn, den sie ursprünglich hatten, und den sie im Justinianischen Gesetzbuch haben.

3. In den Plenarsitzungen der Commission wurden die vier Massen von Excerpten geordnet, in Uebereinstimmung gebracht und die einzelnen Excerpte für die Einreihung in die ihrem Inhalt entprechenden Titel ausgewählt. Bei der Wahl der Excerpte aus den einzelnen Schriften bildeten im Civilrecht die Grundlage Ulpian's *libri ad Sabinum,* im prätorischen Recht Ulpian's *libri ad edictum,* und bei den praktischen Schriften Papinian's *responsa.* Darnach nennt man heute die vier Excerptmassen: die Sabinusmasse, die Edictsmasse, die Papiniansmasse und die

Postpapiniansmasse, d. i. die aus den Schriften gemischten Inhalts. Man bezeichnet sie durch die Anfangsbuchstaben S. E. P. pP. Nach diesen vier Massen sind die einzelnen Excerpte in den Titeln ohne weitere systematische Ordnung hintereinander gestellt, aber stets mit einer *inscriptio* d. i. Angabe des Verfassers und der Schrift, aus welcher das Excerpt gemacht ist. Bei jedem einzelnen Titel wurde in der Regel die Masse zu Grunde gelegt, welche die meisten Excerpte lieferte; es entschied also gewöhnlich die Zahl der Excerpte darüber, welche Masse an den Anfang des Titels, in die Mitte, oder an's Ende gestellt wurde. Diese Ordnung nach den Excerptmassen ist entdeckt von Bluhme, Zeitschr. f. geschichtl. Rechtswissenschaft', herausgegeben von Savigny u. A. Bd. 4 S. 257 ff. Aus Versehen wurden manche Stellen doppelt in verschiedene Titel aufgenommen, oder in Titel, in welche sie nach ihrem Gegenstande nicht gehören; jene nennt man *leges geminatae,* diese *leges fugitivae* oder *erraticae.*

In drei Jahren waren die Pandekten vollendet. Am 16. December 533 erfolgte ihre Publikation mit der Bestimmung, dass sie vom 30. December d. J. Gesetzeskraft haben, und alles aus den Schriften der Juristen nicht Aufgenommene seine Geltung verlieren sollte. Zugleich wurde von Justinian, um die Entstehung neuer Controversen auszuschliessen, verboten, diese Schriften noch mit den Pandekten zu vergleichen und neue Bücher über die Pandekten zu schreiben. Nur griechische Paraphrasen, die sich Satz für Satz an die Pandekten anschlossen, und kurze Uebersichten über die Titel mit Verweisung auf die Parallelstellen (*indices* und *paratitla)* waren gestattet, *c. Deo auctore de conc. Dig., c. Dedit nobis de confirm. Dig.*

Das neue Gesetzbuch, welches mit den Pandekten zum Abschluss kommen sollte, machte natürlich auch eine neue Studienordnung für die Rechtsschulen nöthig. Als darüber ein Gesetz von Justinian gegeben wurde, zeigte sich, dass die alten Institutionenlehrbücher von Gajus u. s. w., welche bisher für den ersten Rechtsunterricht gebraucht waren, sich dazu nicht mehr eigneten. Deshalb gab Justinian dem Tribonian den Auftrag, neue Institutionen anfertigen zu lassen, die zugleich Lehr- und Gesetzbuch sein sollten. So entstand noch ein dritter Theil des Gesetzbuches.

III. Die Institutionen verfassten die Professoren Theophilus und Dorotheus nach Gajus Institutionencommentar, den sie wörtlich zu Grunde legten. Dabei wurden aber von ihnen die historischen Erörterungen zu geschichtlichen Einleitungen zusammengezogen, Zusätze aus anderen Schriften gemacht, das Antiquirte ausgeschieden und das neuere Recht aus Justinians Constitutionen kurz hinzugefügt. Die Institutionen zerfallen in 4 Bücher, diese in Titel mit Inhaltsrubriken; aber die Titel zerfallen nicht, wie die Pandekten, in einzelne Excerpte, mit Angabe ihrer Quelle, sondern enthalten eine zusammenhängende Darstellung. Publicirt wurden sie schon vor den Pandekten am 31. Novemb. 533, in Gesetzeskraft traten sie zugleich mit den Pandekten am 30. Decemb. 533. *Iustinian.* in prooem. institution.

Nach der Vollendung der Institutionen trat das Bedürfniss hervor, die zahlreichen Gesetze, welche durch die Abfassung der Pandekten seit dem Jahre 529 veranlasst waren, in den Codex einzuschalten und dem Codex eine den Pandekten entsprechende Ordnung zu geben. Dieses Bedürfniss forderte eine neue Redaction *(repetita praelectio)* des Codex.

IV. Den *Codex repetitae praelectionis,* besorgte eine von Justinian im Jahre 534 berufene Commission von vier Rechtskundigen (Dorotheus, Menna, Constantius und Joannes) unter Leitung Tribonian's. Er enthält über 4600 Constitutionen, zum Theil mit Abkürzungen und Veränderungen, 150 in griechischer Sprache; die älteste ist von Hadrian. Dieser neue Codex zerfällt in 12 Bücher, und jedes Buch in Titel mit Inhaltsrubriken; die Titel enthalten die einzelnen Constitutionen mit *inscriptio* und *subscriptio* in chronologischer Ordnung. Die Publication datirt vom 16. Novemb. 534, die Gesetzeskraft vom 29. Decemb. desselben Jahres; mit ihr wurde der alte Codex aufgehoben, *const. Haec quae necessario de novo codice faciendo, const. Cordi de emendatione cod.*

Bei der Publication des neuen Codex behielt sich Justinian vor, seine Gesetzbücher nach Bedürfniss durch neue Constitutionen *(novellae constitutiones)* zu ergänzen und zu verbessern, *constit. Cordi § 4 i. f.* Wie viel Constitutionen er zu diesem Zwecke noch erlassen hat, steht dahin; wir kennen von ihnen 166, von denen einzelne, über das Familien- und Erbrecht, durchgreifende Reformen einführten. Ein Gesetzbuch *(codex)* hat Justinian aus diesen Novellen nicht gemacht; sie sind einzelne Constitutionen geblieben, von denen im Fall eines Widerspruchs die jüngere der älteren vorgeht.

V. Diese Novellen bilden den Schluss der gesetzgeberischen Thätigkeit Justinian's. Jede einzelne Novelle enthält eine *inscriptio*, ihr folgt eine *praefatio* als Einleitung zu dem Gesetze selbst und den Schluss bildet ein *epilogus* d. i. eine Anweisung über die Anwendung des neuen Gesetzes. Die meisten Novellen sind in griechischer Sprache, 15 in lateinischer, 3 in beiden Sprachen publicirt.

§. 21.

2. Die Ueberlieferung derselben.

Die Geschichte des römischen Rechts endigt mit der Justinianischen Gesetzgebung. Denn in der Zeit nach Justinian wird es im byzantinischen Reiche nicht mehr wie bisher im Geiste des *ius gentium* fortgebildet, sondern durch ein nationalgriechisches Recht verdrängt. In den Rechtsbüchern Justinian's hat es seine Entwickelung abgeschlossen und die Form angenommen, in welcher es sich von Italien aus (§. 19) durch Vermittelung der Glossatorenschule über ganz Europa verbreitete. Es ist deshalb nur noch zu zeigen, wie uns diese Gesetzbücher durch den Orient und durch den Occident überliefert sind.

I. Durch den Orient haben wir das Justinianische Recht nicht in seiner ursprünglichen Gestalt, sondern nur in Paraphrasen, Bearbeitungen und Auszügen. Hervorzuheben sind:

1. eine griechische Paraphrase der Institutionen von Prof. Theophilus d. i. eine dem Text folgende Umschreibung mit geschichtlichen Erklärungen und Beispielen. Beste Ausgabe von Reitz 1751. Solche Paraphrasen erwiesen sich, da die Landessprache die griechische war, als ein Bedürfniss für die Rechtsschulen und für die Praxis. Sie wurden deshalb schon unter Justinian und später auch zu den Pandekten und zum Codex geschrieben; von diesen haben wir aber nur Auszüge in späteren Schriften, namentlich in den Basiliken;

2. die Basiliken d. i. eine von Basilius Macedo (860) begonnene und von seinem Sohne Leo Philosophus (910) vollendete Vereinigung der sämmtlichen Gesetzbücher Justinians nach den griechischen Bearbeitungen unter Ausscheidung des Antiquirten und Abkürzung des Geltenden in 60 Büchern mit Titeln nach eigenem System unter dem Namen *τὰ βασιλικὰ* (scil. *νόμιμα*). Sie hatten den Zweck, dem gegenwärtig noch geltenden römischen Recht

eine für die Praxis bequeme Form zu geben. Bald nach ihrer Abfassung wurden Scholien hinzugefügt d. i. Anmerkungen zum Text des Gesetzbuches aus den Paraphrasen der Juristen zur Zeit Justinians.

Nach Basilius wird durch die Gesetzgebung der byzantinischen Kaiser das römische Recht immermehr ausser Anwendung gesetzt. Deshalb werden jetzt zusammenziehende Bearbeitungen der Basiliken gemacht und aus den Auszügen wieder Auszüge. Den Schluss macht ein Auszug in 6 Büchern von Constantinus Harmenopulos. Dieser Auszug enthält den Rest des römischen Rechts, der sich nach der Eroberung des byzantinischen Reiches durch die Türken erhielt und gegenwärtig im Königreich Griechenland durch Verordnung vom 23. Febr. 1835 Gesetzeskraft hat.

Die byzantinischen Ueberlieferungen sind ein wichtiges Hülfsmittel für die Kritik, Interpretation und Ergänzung der Handschriften, in welchen uns das Justinianische Recht unmittelbar überliefert ist. Puchta, Curs. d. Instit. §. 141. 142.

II. Durch den Occident haben wir die Gesetzbücher Justinians in dieser unmittelbaren Ueberlieferung. Auf diese haben die Glossatoren einen bedeutenden Einfluss geübt. Die Handschriften, welche sie hatten, bilden im Wesentlichen die Grundlage für unsere heutige Kenntniss des Justinianischen Rechts. Wir haben nur wenige ältere Handschriften; die meisten sind s. g. Vulgathandschriften, welche die *lectio vulgata* d. i. den von der Rechtsschule in Bologna constituirten Text enthalten und deren Alter deshalb nicht über das 12. Jahrh. hinausreicht. Mit den einzelnen Rechtsbüchern Justinians verhält es sich folgendermassen:

1. Von den Institutionen haben wir zahlreiche Handschriften, aber keine aus Justinians Zeit; die ältesten sind aus dem 9. Jahrhundert.

2. Von den Pandekten gibt es gleichfalls keine Handschrift aus Justinians Zeit. Die älteste, zur Zeit der Glassatoren in Pisa, gegenwärtig in Florenz und darnach die Florentina genannt, ist in das 7. Jahrh. zu setzen, alle übrigen sind aus dem 12. Jahrh. oder aus späterer Zeit. Die Glossatoren nannten den Text der alten Handschrift *litera Pisana* und im Gegensatz dazu ihren eigenen *litera vulgata;* dieser beruhte wahrscheinlich auf einer Handschrift, die aus der Pisaner abgeschrieben und dann nach einer alten Handschrift corrigirt war. Das ursprüngliche Exemplar der Glossatoren war unvollständig und wurde successive ergänzt.

Damit hängt ihre Eintheilung der Pandekten in drei Bände zusammen, von denen sie den erten *Digestum vetus*, den zweiten *Dig. infortiatum*, und den dritten *Dig. novum* nannten. Vgl. Puchta, a. a. O. §. 148.

3. Vom Codex besitzen wir auch keine byzantinische Handschrift, sondern nur Abschriften, die in Italien entstanden und deshalb die griechischen Constitutionen nicht enthalten. Diese sind erst seit dem 16. Jahrh. aus griechischen Quellen, namentlich aus den Basiliken zum Theil restituirt worden; deshalb heissen sie *leges restitutae*.

4. Von den Novellen haben wir folgende drei Sammlungen:

a) die *epitome Iuliani* d. i. ein lateinischer Auszug aus 125 Novellen, hergestellt von Prof. Julianus in Constantinopel 556, wahrscheinlich für den Gebrauch in Italien. Daneben gab es in Italien

b) das *Authenticum* oder den *liber Authenticarum* d. i. eine Sammlung von einem unbekannten Verfasser, bestehend aus 134 vollständigen Novellen, die griechischen in lateinischer Uebersetzung. Diese betrachteten die Glossatoren als die officielle mit Gesetzeskraft und nannten sie deshalb *Authenticum*.

c) eine Sammlung von 168 griechischen Novellen, die lateinischen in griechischem Auszug, darunter mehrere von Justinians Nachfolgern. Sie ist von diesen für das byzantinische Reich veranstaltet, kam von da nach Italien, war aber den Glossatoren unbekannt; sie wurde erst im 16. Jahrh. aufgefunden.

Ueber das Nähere vgl. Puchta a. a. O. §. 144—147.

§. 22.

3. Ausgaben und Hülfsmittel beim Gebrauch.

I. Die Ausgaben der vier Stücke der Justinianischen Gesetzgebung, für welche schon bei den Glossatoren der Name *corpus iuris* üblich war, sind theils glossirte, theils unglossirte. Die glossirten Ausgaben enthalten die Glosse, d. i. ein von dem letzten Glossator Franciscus Accursius in Bologna († 1260) aus der bisherigen Literatur der Glossatoren zusammengestellten Commentar zu allen Theilen des Justinianischen Gesetsbuches, der den Namen *glossa ordinaria* erhielt. Die glossirten Ausgaben zerfallen in 5 Bände: die drei ersten enthalten die Pandekten *(Dig. vetus, infortiatum* und *novum)*, der vierte enthält die neun ersten Bücher des Codex und der fünfte, wegen seines geringen Umfanges *volumen parvum* genannt, die Institutionen, Novellen und die *tres libri* d. i. die drei letzten Bücher des Codex. Zu den besten gehört die Ausgabe: *Lugduni apud Sennetonios fratres* 1549 und 1550 in 5 Bänden Fol. Die letzte glossirte Ausgabe ist erschienen: *Lugduni* 1627 *cura Jo. Fehii* in 6 Bänden Fol.

Unter den unglossirten Ausgaben (vgl. Böcking, Lehrb. d. Instit. §. 21. S, 86) sind hervorzuheben: die s. g. Kriegel'sche Ausgabe, in welcher die Pandekten von den Gebrüdern Kriegel, der Codex von Herrmann und die Novellen von Osenbrüggen bearbeitet sind, und die neue kritische Ausgabe von Theodor Mommsen und Paul Krüger, von der aber die Novellen noch nicht erschienen sind.

II. Als Hülfsmittel für den Gebrauch des *corpus iuris* sind, abgesehen von der Glosse und den Commentaren zu den einzelnen Theilen zu nennen:

1. die Wörterbücher, welche über die Sprache der Quellen Auskunft geben:

Brissonius, *de verborum quae ad ius civile pertinent significatione.* Ausgabe von Heineccius und Böhmer, Halle 1743.

Dirksen, *manuale latinitatis fontium iuris civilis Roman. Berol.* 1837.

Heumann, Handlexicon zum *corpus iuris civilis.* 4. Aufl. Jena 1869.

2. die deutsche Uebersetzung des gesammten *corpus iuris civilis* von Otto, Schilling und Sintenis. 7 Bde. Leipzig 1830—34.

DAS ERBRECHT.

(§. 154 bis §. 196.)

(STATT HANDSCHRIFTLICHER MITTHEILUNG AN DIE ZUHÖRER).

VIERTES BUCH.

DAS ERBRECHT.

ERSTES KAPITEL.

ALLGEMEINE LEHREN.

§ 154.

1. Erbschaft. Erbrecht. Vermächtniss.

Nach dem natürlichen Gesetz der Familienliebe erwirbt der Mensch sein Vermögen nicht blos für sich, sondern zugleich für die Wohlfahrt der Seinigen. Deshalb giebt auch das Recht dem Vermögen des einzelnen Menschen die Natur eines Familienvermögens, soweit es die sittliche Gestaltung des Gemeinlebens fordert. So lange der Mensch lebt, äussert sich diese Natur in dem Anspruch seiner nächsten Angehörigen auf Alimentation und Dotation, *l. 5. § 2 D. de agn. et. al. lib. (25. 3), c. 7 C. de dot. prom. (5. 11)*; bei seinem Tode äussert sie sich in der Bestimmung seines Vermögens, auf seine nächsten überlebenden Familienmitglieder überzugehen.

Diese Bestimmung, welche den Verstorbenen zum Erblasser und sein hinterlassenes Vermögen zur Erbschaft macht, begründet für seine nächsten Familienglieder das Erbrecht und event. die Erbfolge, durch welche sie seine Erben werden. An sich sind die nächsten Familienglieder des Erblassers seine nächsten Verwandten; er kann sich aber den Kreis seiner Familie auch auf künstlichem Wege gestalten. Bei seinen Lebzeiten kann er Personen, die nicht mit ihm verwandt sind, durch Adoption und Arrogation die Rechte der nächsten Familienglieder geben, auf seinen Todesfall kann er dies durch Erbesernennung im Testament.

Die Erbschaft eines Verstorbenen, *hereditas im obj. S.*, besteht nicht aus der Summe seiner einzelnen hinterlassenen Vermögensrechte und Schulden, sondern aus ihrer Gesammtheit als *universitas:* sie bilden noch ebenso wie bei Lebzeiten des Erblassers, ein Vermögen d. i. eine Einheit, in welcher die Rechte für die Schulden haften, *l. 208 D. de V. S. (50. 16)*, Cicero, Top. c. 6. Das erbschaftliche Vermögen begreift aber nur diejenigen Rechte und Schulden, welche ihrer Natur nach nicht an der physischen Person des Erblassers haften. Alle Rechtsverhältnisse, welche dieser inhäriren, gehen mit seinem Tode unter. Zu ihnen gehören neben den Rechten und Verbindlichkeiten, welche sich in seinen öffentlichen und in seinen Familienverhältnissen gründen, auch gewisse Rechtsverhältnisse an Sachen und gewisse Obligationen, z. B. der Besitz, die persönlichen Servituten, die *actiones vindictam spirantes* und die Delictsschulden, *l. 1 § 15 D. si is qui testam. (47. 4), l. 23 pr. D. de A. v. A. P. (41. 2), l. 3 § 3 D. quib. mod. ususfr. (7. 4), l. 196 D. de R. I. (50. 17), l. 16 § 1 D. de tut. (26. 1).*

An der Erbschaft als *universitas* erwerben die nächsten Familienglieder des Erblassers das Erbrecht, die *hereditas im subj. S.* oder das *ius successionis.* Das Erbrecht gewährt ihnen das Recht zur Universalsuccession in die Erbschaft d. i. auf den gleichmässigen Eintritt in die hinterlassenen Rechte und Schulden als Einheit. Deshalb kann es von ihnen nach ihrer Wahl in doppelter Weise ausgeübt werden: entweder durch die *aditio hereditatis* (Antritt der Erbschaft) d. i. durch die Erklärung, dass sie die Erbschaft erwerben wollen, oder durch die *repudiatio hereditatis* (Ausschlagung der Erbschaft), d. i. durch die Erklärung, dass sie die Erbschaft nicht erwerben wollen. Die Repudiation bewirkt den Untergang des Erbrechts; der Antritt bewirkt die Universalsuccession in die Erbschaft auf Grund des Erbrechts. Die Universalsuccession nennen wir heute die Erbfolge, oder die Beerbung des Verstorbenen, die Römer nennen sie, ebenso wie die Erbschaft und das Erbrecht, *hereditas, l. 62 D. de R. I. (50. 17).* Durch die Erbfolge werden die nächsten Familienglieder des Erblassers seine Erben *(heredes)*, und das Erbrecht, welches ihnen bisher zustand, wird der Titel d. i. der rechtliche Grund für die Erbfolge und damit für den Erwerb der Erbschaft. Als Titel für die Erbfolge heisst das Erbrecht *ius hereditarium, titulus hereditarius* oder *causa hereditaria,* auch *hereditas, l. 59 de R. I.*

(50. 17), l. 37 D. de A. r. O. H. (29. 2), l. 49 D. mand. (17. 1), c. 1 C. si quis ign. (5. 73), l. 3 § 2 D. de itin. act. priv. (43. 19).

Die Erben eines Verstorbenen sind also seine unmittelbaren Universalsuccessoren, auf welche direct die hinterlassenen Rechte und Schulden als *universitas* übergehen.

Durch letztwillige Verfügung kann der Erblasser seinem Erben die Auflage machen, die von ihm erworbene Erbschaft oder eine Quote derselben sofort oder beim Eintritt einer *conditio* oder eines *dies* an eine andere Person herauszugeben. Diese letztwillige Verfügung heisst *fideicommissum hereditatis*, Universalfideicommiss oder Universalvermächtniss, der Erbe, dem die Auflage gemacht ist, *fiduciarius*, und der Dritte, dem er die Erbschaft restituiren soll, *fideicommissarius*, Universalfideicommissar oder Universalvermächtnissnehmer. Hier ist der *fiduciarius* als unmittelbarer Universalsuccessor der *heres* des Erblassers; seine Erbfolge heisst *hereditas directa*, und er selbst directer Erbe. Durch die *restitutio hereditatis* d. i. durch Erklärung an den *fideicommissarius*, dass er ihm die Erbschaft herausgebe, hört der *fiduciarius* dem Effect nach auf, Erbe zu sein, und der *fideicommissarius* tritt an seine Stelle: er ist, soweit er die Erbschaft erhält, *heredis loco* als mittelbarer Universalsuccessor des Erblassers. Diese durch den *fiduciarius* vermittelte Erbfolge des *fideicommissarius* heisst *hereditas fideicommissaria*, heute auch indirecte Erbfolge, und der *fideicommissarius* wird Fideicommisserbe oder indirecter Erbe genannt, Gaius II. 250 ff., § 2 *I. de fideic. heredit* (2. 23).

Wie durch Universalvermächtniss, so kann der Erblasser die Universalsuccession des Erben auch durch letzwillige Verfügungen mindern, in welchen blos einzelne Vermögensstücke dritten Personen zugewandt sind, z. B. das Eigenthum einer Sache, eine Servitut oder eine Forderung. Diese letztwilligen Verfügungen heissen, weil sie nur eine Singularsuccession bezwecken, Singularvermächtnisse, im römischen Recht *legata* oder *(singularum rerum) fideicommissa*; und die Person, der sie zugewandt sind, wird Singularvermächtnissnehmer, *legatarius* oder *fideicommissarius* genannt. Sie enthalten, wie die Universalvermächtnisse, die Auflage an den Erben, dem Vermächtnissnehmer die vermachten Rechte zu leisten. Beide Arten von Vermächtnissen setzen deshalb die Universalsuccession in die Erbschaft voraus. Wird, weil sie keinen Universalsuccessor erhält, der

Concurs über die Erbschaft eröffnet, so sind die angeordneten Vermächtnisse ungültig: letztwillige Liberalitäten kann der Erblasser nur gewähren, wenn sein Vermögen dies nach Abzug der Schulden gestattet, Gaius II. 260, Ulp. frgm. XXIV. 1, XXV. 1. *§ 3 I. de leg. (2. 20), pr. I. de sing. reb. (2. 24), l. 21 § 1 quando dies leg. (36. 2), l. 17. D. de m. c. don (39. 6).*

Hiernach kann das Vermögen eines Verstorbenen in drei Formen auf die Ueberlebenden übergehen: durch directe Universalsuccession auf die Erben, durch indirecte Universalsuccession auf die Universalvermächtnissnehmer, und durch Singularsuccession auf die Singularvermächtnissnehmer.

Die Rechtsvorschriften, nach welchen dieser Uebergang erfolgt, bilden das Erbrecht im obj. S.

§ 155.

III. Berufung zur Erbschaft. Arten der Erbfolge.

Die Universalsuccession des Erben setzt seine Berufung zur Erbschaft voraus. Diese Berufung kann aus verschiedenen Gründen und mit verschiedenen Wirkungen erfolgen:

I. Gründe. Der Erbe kann *testamento* oder *lege* zur Erbschaft berufen werden, Gaius II. 99:

1. *testamento* erfolgt die Berufung durch *heredis institutio* (Erbesernennung, Erbeinsetzung) in Form des Testaments; die so berufenen Erben heissen Testamentserben;

2. *lege* erfolgt die Berufung wegen Verwandtschaft mit dem Erblasser in zwei Fällen:

a) wenn der Erblasser ohne Testament *(intestatus)* verstorben ist: hier beruft das Gesetz seine Verwandten zur Erbschaft unter dem Vorzuge der näheren vor den entfernteren; sie heissen gesetzliche Erben oder Intestaterben;

b) wenn der Erblasser ein pflichtwidriges Testament *(testamentum inofficiosum)* hinterlassen hat, weil seine nächsten Angehörigen in demselben nicht in der gesetzlich vorgeschriebenen Weise bedacht sind: hier beruft das Gesetz diese nächsten Angehörigen zur Erbschaft gegen den im Testament erklärten Willen des Erblassers *(contra tabulas)*; sie heissen deshalb Notherben.

Nach den beiden Berufungsgründen giebt es also drei Arten der Erbfolge: die testamentarische Erbfolge, die gesetzliche oder Intestaterbfolge, und die Notherbfolge. Von ihnen schliesst die testamentarische Erbfolge die Intestaterbfolge aus: so lange ein gültiges Testament existirt, können die gesetzlichen Erben nicht zur Erbschaft berufen werden, *l. 39 D. de A. v. O. H. (29. 2), l. 89 D. de R. I. (50. 17).* Dieser Satz gilt auch dann, wenn der Erblasser nur einen Theil seines Vermögens im Testament vergabt hat; der übrige Theil, über den er nicht testirt hat, fällt nicht an seine gesetzlichen Erben, sondern er accrescirt den Testamentserben, d. h. er wächst diesen nach Verhältniss ihrer Erbportionen zu. Deshalb kann Niemand für eine Quote seines Vermögens mit einem Testament, und für das übrige Vermögen ohne Testament versterben: *nemo pro parte testatus, pro parte intestatus decedere potest, l. 7 D. de R. I. (50. 17).*

II. Wirkungen. Die Berufung zur Erbschaft hat verschiedene Wirkungen, je nachdem der Berufene zu dem engeren Familienkreise des Erblassers gehört oder nicht, und je nachdem er ein Freier, oder ein Sclave des Erblassers ist. Seinen engeren Familienkreis bilden nur seine *sui* und seine *suae;* alle anderen Personen stehen ausserhalb desselben und heissen deshalb *extranei.*

1. Ist der berufene Erbe ein *suus* oder eine *sua* des Erblassers d. i. eine Person, die bei seinem Tode in seiner unmittelbaren *patria potestas* oder *manus* steht, so bewirkt die gesetzliche wie die testamentarische Berufung für ihn sofort die Acquisition der Erbschaft: seine Universalsuccession tritt *ipso iure* ein ohne sein Wissen und Wollen, also ohne Antrittserklärung, und nach *ius civile* auch *necessitate* d. i. mit der Wirkung, dass er sie behalten muss. Da die *sui* und *suae,* als die Personen, welche das Haus ihres paterfamilias bilden, vom väterlichen Vermögen mitleben und es miterwerben helfen, so gehört ihnen dasselbe, weil es mit für sie und durch sie existirt, im sittlichen Sinne schon bei Lebzeiten des paterfamilias; deshalb muss es beim Tode desselben auch rechtlich auf sie übergehen und zwar nicht nur *ipso iure,* sondern, wegen der Schulden, die durch das Familienbedürfniss erzeugt sind, auch *necessitate.* Nach ihrer Familienstellung erwerben sie sofort die Erbschaft, kein Erbrecht, welches ihnen die Wahl zwischen Antritt und Repudiation giebt; und der Titel für den Erwerb der Erbschaft ist, statt des *ius hereditarium,* das *ius potestatis, l. 11 D. de lib. (28. 2), l. 7 pr. D. de bon. (48. 20), l. 5 pr. D. de cond. (35. 1).* Die *sui* und *suae* des Erblassers heissen daher *heredes sui et necessarii* oder, weil sie zu seinem Hause gehören, *heredes domestici, § 2. 7 I. de*

hered. qual. (*2. 19*), *l. 14 D. de suis (38. 16)*, Gaius II. 156. 157. Als die einfachen Sitten bei den Römern untergingen und deshalb die Schulden häufig nicht durch das Bedürfniss der Familie, sondern durch den schlechten Haushalt des paterfamilias entstanden, gab der Prätor den *sui* das s. g. *beneficium abstinendi* d. i. das Recht, den *ipso iure* eintretenden Erwerb der Erbschaft wieder aufzuheben durch die Erklärung, sie nicht behalten zu wollen. Gaius II. 158. 160. *§ 2 I. de hered. qual.* (*2. 19*), *l. 57 D. de A. v. O. H.* (*29. 2*), *l. 89 D. de legat.* (*30*). Den *sui* stehen gleich die *postumi sui* d. i. nachgeborne Descendenten des Erblassers, die in seine unmittelbare *patria potestas* gekommen wären, wenn er ihre Geburt noch erlebt hätte, *l. 3 § 1 D. de iniust. test.* (*28. 3*). Gaius III. 4.

2. Ist der berufene Erbe eine freie Person, die nicht zu den *sui* des Erblassers gehört, so bewirkt die gesetzliche wie die testamentarische Berufung für ihn nicht die Acquisition, sondern nur die Delation der Erbschaft; sie wird ihm blos deferirt d. i. blos angetragen, damit er sich über die Solvenz oder Insolvenz der Erbschaft unterrichten und überlegen kann, ob er sie antreten oder repudiiren will. Deshalb sind hier die beiden Berufungsgründe keine Acquisitions- sondern Delationsgründe. Statt der Erbschaft erwirbt der berufene Erbe als Delat nur das Erbrecht, die *hereditas* oder das *ius successionis*, welches ihm die Wahl zwischen Antritt und Repudiation der Erbschaft giebt; erst die Ausübung des Erbrechts durch die Antrittserklärung macht die Delation der Erbschaft zur Acquisition und den Delaten zum Erben. Alle Personen, die nicht zu den *sui* des Erblassers zählen, erwerben daher die Erbschaft nicht *ipso iure*, sondern nur *voluntate*. Sie heissen daher *heredes voluntarii*, oder gewöhnlicher nach ihrer Stellung ausserhalb der engeren Familie des Erblassers *heredes extranei*, Gaius II. 161. 162. *§ 5. 7 I. de hered. qual.* (*2. 19*), *l. 151 D. de V. S.* (*50. 16*), *l. 18 D. de A. v. O. H.* (*29. 2*), *l. 12 D. de cond.* (*28. 7*).

3. Ist der berufene Erbe ein im Testament *cum libertate* eingesetzter Sclave des Erblassers, so bewirkt seine Berufung, dass er frei wird und *ipso iure* und *necessitate* die Erbschaft erwirbt. Deshalb heisst er *heres necessarius*. Er unterscheidet sich vom *heres suus et necessarius* dadurch, dass er für die Erbschaftsschulden nur bis zum Betrage der erbschaftlichen Activa haftet, nicht mit dem anderweitigen Vermögen, welches er nach dem Tode

seines Erblassers erworben hat; damit verbindet sich aber das *incommodum,* dass er kein *beneficium abstinendi* hat, er muss daher die Infamie auf sich nehmen, wenn der Concurs über die Erbschaft eröffnet wird, Gaius II. 153—155, Ulp. frgm. XXII. 24. § 1 *I. de hered. qual. (2. 19).*

Nach den verschiedenen Wirkungen der Berufung giebt es also: *heredes necessarii, heredes sui et necessarii* und *heredes extranei,* Gaius II. 152 ff.

§ 156.

III. Hereditas iacens.

Wenn der Erblasser einen *heres necessarius* oder einen *heres suus et necessarius* hat, so erhält sein hinterlassenes Vermögen sofort bei seinem Tode in dem Erben ein neues physisches Subject. Ist dagegen der berufene Erbe ein *heres voluntarius* oder ein *postumus suus,* so haben in der Zeit vom Tode des Erblassers bis zum Antritt bezw. bis zur Geburt des Erben die hinterlassenen Rechte und Schulden kein Subject, von dem sie ausgeübt und gegen welches die Schulden eingeklagt werden können: *res hereditariae sunt nullius,* oder *vacuae sine domino, l. 1 pr. D. de R. D. (1. 8).* Sie befinden sich also in einem Zustande der Ruhe. Diesen Zustand bezeichnet das römische Recht durch den Ausdruck: *hereditas iacet.* Nach ihm nennt man heute die Erbschaft in der Zeit vom Tode des Erblassers bis zum Erwerb des Erben: *hereditas iacens,* ruhende oder liegende Erbschaft.

Auch in dieser Zeit der Herrenlosigkeit kann sich die Erbschaft noch in derselben Weise wie bei Lebzeiten des Erblassers um solche Rechte und Schulden vermehren und vermindern, deren Entstehung oder Endigung kein physisches Subject voraussetzt, sondern die *ipso iure* dem erbschaftlichen Vermögen accediren oder aus demselben ausscheiden: *hereditas iuris nomen est, quod et accessionem et decessionem in se recipit, l. 178 § 1 D. de V. S. (50. 16).* So erwirbt z. B. die Erbschaft das Eigenthum an den Früchten von Erbschaftssachen durch die Separation, und so verliert sie z. B. das Eigenthum an Erbschaftssachen, die ein Dritter im Usucapionsbesitz hat, mit dem Ablauf des *tempus usucapionis.* Erwerb und Verlust treten hier *ipso iure* ein und sind deshalb, wie bei Lebzeiten des Erblassers, auch noch für seine Erbschaft möglich. Demgemäss sagen die römischen Juristen, bei solchen

Rechtserwerbungen und Rechtsverlusten vertrete die Erbschaft die Person des Verstorbenen: *hereditas personam defuncti sustinet, l. 34 D. de A. R. D. (41. 1), l. 61 pr. § 1 D. eod.* Auf Grund dieses Satzes betrachtet die heutige Doctrin die vermögensrechtliche Person des Verstorbenen als das fingirte Subject der *hereditas iacens* und zählt sie deshalb zu den juristischen Personen. (§ 33).

§ 157.

IV. Die verschiedenen Systeme des römischen Erbrechts.

Im alten römischen Recht standen die drei Arten der Erbfolge, die gesetzliche, die testamentarische und die Notherbfolge, ausschliesslich unter den Vorschriften des *ius civile.* Im Laufe der Zeit kamen neben dem *ius civile* durch den Einfluss des *ius gentium* neue Grundsätze des *ius praetorium* zur Geltung: es entstand im Erbrecht, wie in allen Rechtsinstituten, der Dualismus von *ius civile* und *ius gentium*, und hier wie dort war es zunächst das Edict des Prätors, welches das *ius gentium* in Wirksamkeit setzte. Das civile Erbrecht hiess *hereditas*, das prätorische *bonorum possessio.* Nach dem Untergange der *edicta magistratuum* unter Hadrian erfolgte die Fortbildung des *ius gentium* durch die Quellen des *ius civile*, durch *senatusconsulta* und *constitutiones principum.* Durch sie wird die Neugestaltung des Erbrechts in der Justinianischen Gesetzgebung vorbereitet, die den Dualismus des civilen und prätorischen Rechts beseitigt und überall ein einheitliches Erbrecht herstellt: für die Intestaterbfolge, für die testamentarische Erbfolge und für die Notherbfolge.

Nach dieser historischen Entwickelung bildeten sich successive drei Systeme des römischen Erbrechts aus:

1. das System der *hereditas* d. i. das Intestaterbrecht, das testamentarische Erbrecht und das Notherbenrecht nach den Grundsätzen des *ius civile*;

2. das System der *bonorum possessio* d. i. das Intestaterbrecht, das testamentarische Erbrecht und das Notherbenrecht nach den Grundsätzen des *ius praetorium;*

3. das System des Justinianischen Rechts d. i. das Intestaterbrecht, das testamentarische Erbrecht und das Notherbenrecht nach den Grundsätzen des Justinianischen Gesetzbuchs.

Der Darstellung dieser drei Systeme muss eine Ausführung über den Ursprung und die Entwickelung der *bonorum possessio* voraufgehen.

§. 158.

V. Ursprung und Entwickelung der bonorum possessio.

Nach der alten römischen Gentilverfassung waren die einzelnen Familien politische Corporationen. Ihre Macht und ihr Ansehen war durch ihr Vermögen bedingt. Deshalb war im alten römischen Recht das Familienband nicht die Blutsgemeinschaft, sondern die Einheit der väterlichen und eheherrlichen Gewalt, d. i. nicht die Cognation, sondern die Agnation. Es galten folgende Grundsätze:

1) Alle Familienglieder befinden sich in der *potestas* des Familienhauptes und sind auf Grund dieser *potestas* vermögensunfähig. Sie erwerben Alles, was sie erwerben, ihrem paterfamilias: er ist der politische Repräsentant der Familie, deshalb muss sich das Vermögen, welches in der Familie erworben wird, in seiner Hand vereinigen.

2) Beim Tode des Familienhauptes beschränkt sich die Intestaterbfolge auf diejenigen Personen, welche die gemeinsame *potestas* verbunden hat d. i. auf die den Familiennamen tragenden Agnaten. Die blossen Cognaten des Erblassers sind erbunfähig. Nur die Agnaten haben den *splendor familiae* aufrecht zu erhalten; deshalb dürfen Personen, die durch Emancipation aus der agnatischen Familie ausgeschieden sind, und die verheiratheten Töchter und die in Adoption gegebenen Kinder, die den Familiennamen nicht mehr tragen, nicht an der Erbschaft participiren. Die Töchter müssen auf Grund der *manus* in die agnatische Familie ihres Ehemannes eintreten, die in Adoption gegebenen Kinder in die agnatische Familie des Adoptivvaters, damit sie in ihrer leiblichen Familie, wie die Emancipirten, als blosse Cognaten von der Intestaterbfolge ausgeschlossen werden.

3) Ein Testament kann im politischen Interesse der Familie nur mündlich vor den Comitien oder deren Vertretern errichtet werden.

4) Die Notherbfolge tritt wie die Intestaterbfolge nur für die Agnaten des Erblassers, nicht für seine blossen Cognaten ein.

In demselben Masse, in welchem im Lauf der Zeit die Gentilverfassung ihre Bedeutung verlor, erfuhren auch diese privatrechtlichen Grundsätze Modificationen, weil sie nur in der politischen Function der Familie ihre Rechtfertigung fanden.

Der Grundsatz der Vermögensunfähigkeit der Hauskinder wird auf dem Wege des Peculienrechts (*peculium profecticium, castrense, quasi castrense, adventicium*) seinem Untergange zugeführt. Der Grundsatz der Erbunfähigkeit der blossen Cognaten schlägt ebenfalls auf dem Wege sich fortwährend erweiternder Ausnahmen in sein Gegentheil um. Und auch die Form des Testaments verändert sich, als durch die veränderte Staatsverfassung die Familie ihren politischen Charakter verliert und desshalb das unmittelbare Interesse des Staates an der Errichtung der Testamente aufhört. Ueberall ist es zunächst der Prätor, als das Organ der sich im Volke bildenden neuen Rechtsansichten, welcher die mit der Umgestaltung der Verfassungsverhältnisse von der öffentlichen Meinung geforderten Reformen durch sein Edict in's Werk setzt: er zieht zuerst die blossen Cognaten des Erblassers neben den Agnaten zur Intestaterbfolge heran, und er bringt auch zuerst auf dem Gebiet des testamentarischen und des Notherbenrechts die Grundsätze zur Geltung, welche der durch die veränderten politischen Verhältnisse veränderten Rechtsüberzeugung des römischen Volkes entsprechen, *Gaius III. 25.* Diese Erweiterung des römischen Erbrechtes durch das prätorische Edict nahm ihren Anfang schon während der Republik.

I. Den Anknüpfungspunkt für die Heranziehung der blossen Cognaten des Erblassers zur Intestaterbfolge bot ihm wahrscheinlich ein altes Rechtsinstitut des *ius civile:* die *usucapio pro herede.* Sie beruhte auf folgender Vorschrift:

Wenn der berufene Erbe mit dem Antritt und der Besitzergreifung der Erbschaft zögert, so kann sich jeder beliebige Dritte in den Besitz der Erbschaft setzen und sie durch einjährigen Besitz ersitzen, also an Stelle des Delaten Erbe werden. Will der Delat diese Ersitzung unterbrechen, so muss er vor Ablauf des Jahres die Erbschaft antreten und in Besitz nehmen.

Diese Vorschrift hatte einen doppelten Zweck: sie sollte den Erbschaftsgläubigern und den *pontifices* bald einen Schuldner geben, von dem jene ihre Befriedigung, diese die Fortsetzung der *sacra* des Erblassers fordern konnten, *Gaius* II. 52 ff. *Cicero, de legib.* II. c. 19—21.

So lange es für die Erbschaft blos Einen Usucapienten gab, weil sich die ganze Erbschaft an demselben Orte befand und deshalb nur von Einer Person in Besitz genommen wurde, diente die *usucapio pro herede* ihrem Zweck ohne Inconvenienzen.

Als sich aber in Folge der grösseren Entwickelung des Verkehrs die Bestandtheile einer Erbschaft häufig an vielen verschiedenen Orten befanden und deshalb der Nachlass von vielen Personen zum Zweck der Usucapion in Besitz genommen wurde, musste wegen dieser Zersplitterung des Nachlasses der Betrag, zu welchem die einzelnen Usucapienten für die Erbschaftsschulden und für die *sacra* hafteten, nach dem Werth der von ihnen apprehendirten Erbschaftssachen berechnet, und von den Erbschaftsgläubigern und *pontifices* gegen jeden auf Zahlung seines Antheils geklagt werden. Um diesen Uebelstand zu beseitigen, bestimmte das prätorische Edict: die *usucapio pro herede* soll nur für die Personen eintreten, denen der Prätor auf ihr Gesuch den Besitz der Erbschaft gestattet hat. Dieser Besitz hiess *bonorum possessio*, das Gesuch um Einweisung in den Besitz *petitio bonorum possessionis*, und die Einweisung des Prätors *admissio bonorum possessionis*. Diese Einweisung erfolgte nach vorgängiger *causae cognitio* durch ein Decret des Prätors und hiess deshalb *b. p. decretalis*. Auf Grund dieser Einweisung erhielt der *bonorum possessor* zugleich ein *interdictum adipiscendae possessionis*: das *interdictum quorum bonorum*, um sich den Besitz der Erbschaftssachen zu verschaffen, *Gaius IV. 144. § 3 I. de interd.* (*4. 15*). *l. 1. 2 D. quor. bon.* (*43. 2*).

In dieser ihrer ursprünglichen Gestalt, in der sie noch kein Erbrecht war, sondern nur Besitz der Erbschaft zum Zweck der *usucapio pro herede*, wurde die *b. p.* vom Prätor zuerst dazu benutzt, den blossen Cognaten des Erblassers die Erbschaft zuzuwenden, indem er ihnen vor fremden Personen die Ersitzung ermöglichte. Diese Ersitzung setzte voraus, dass civile Erben überhaupt nicht existirten, oder dass sie den Antritt während des *tempus usucapionis* versäumten: in diesem Falle kam die Erbschaft durch die *b. p.* an die Cognaten *iuris civilis supplendi gratia*. Sie war eine *b. p. cum re* für die Cognaten d. h. eine erfolgreiche *bonorum possessio* und bewirkte eine Ergänzung des *ius civile*, weil sie die Erbschaft den Cognaten sicherte, wenn es an Agnaten fehlte. Trat aber der civile Intestaterbe während des *tempus usucapionis* die Erbschaft an, so war die den Cognaten ertheilte *b. p.* eine *b. p. sine re,* gleichviel ob der civile Erbe sich selbst die *b. p.* erbat, um sich das *interdictum quorum bonorum* zu verschaffen, oder ob er die *petitio b. p.* unterliess. Dort konnte er mit dem *interdictum,* hier mit der *hereditatis petitio* den Cognaten die von ihnen besessenen Erbschaftssachen abfordern. Die ihm ertheilte *b. p.* war *cum re* und trat nur *adiuvandi* oder *confirmandi iuris civilis gratia* ein, *pr. § 1. 2 I. de b. p. (3. 9.), l. 7. §. 1. D. de I. et I. (1. 1.), Ulp. frgm. XXVIII. 13, Gaius III. 34. 35. 37.*

Eine andere Gestalt, in der sie auch *corrigendi (impugnandi) iuris civilis gratia* wirkte, nahm die *bonorum possessio* an, als es im römischen Volke allgemeine Rechtsansicht wurde, dass auch die Cognaten des Erblassers einen wirklichen Anspruch auf die Erbfolge haben und je nach ihrem Familienbande zum Erblasser neben, vor oder nach seinen civilen Intestaterben berufen werden müssten. Jetzt musste der Prätor einerseits eine selbstständige prätorische Intestaterbfolgeordnung aufstellen, welche die *bonorum possessores* d. i. die prätorischen Erben und die *heredes* d. i. die civilen Erben gemeinschaftlich in einer bestimmten Rangordnung berief, und andererseits musste er den prätorischen Erben einen Schutz gewähren, welcher ihnen eine den *heredes* analoge rechtliche Stellung gab, §. *2. I. de b. p. (3. 9.).* Zu diesem Zweck behandelte er den *bonorum possessor* als einen *fictus heres* und gab demgemäss ihm und gegen ihn *actiones fictitiae* d. h. alle Klagen, die für und gegen den *heres* zustanden, *Ulp. frgm. XXVIII. 12.* Damit wandelte sich die *bonorum possessio* in ein prätorisches Erbrecht um, und folgeweise ging die *usucapio pro herede,* soweit sie eine Erwerbsart des Erbrechtes war, in der *bonorum possessio* auf, *l. 1 — 3 §. 2 D. de b. p. (37. 1), l. 138 D. de V. S. (50. 16).* Wer ohne prätorisches Erbrecht sich in den Besitz von Erbschaftssachen setzte, konnte jetzt nur noch diese Sachen, nicht mehr das Erbrecht ersitzen, *Gaius II. 54.*

Auch in dieser neuen Gestalt blieb die *usucapio pro herede* immer noch geeignet, den Erben zum baldigen Antritt und damit zur Uebernahme der *sacra* zu bestimmen, weil sie ihn mit der Ausleerung der Erbschaft bedrohte. Allein sie war in der That eine *improba usucapio:* sie liess sich juristisch nicht rechtfertigen, da sie auf einer widerrechtlichen Aneignung der Erbschaftssachen beruhte. Aus diesem Grunde wurde, als die Theilnahme für die religiösen Gebräuche mit dem Verfall der Gentilität erlosch, für die baldige Befriedigung der Erbschaftsgläubiger auf andere Weise gesorgt und der *usucapio pro herede* ihre Wirksamkeit entzogen. Die Erbschaftsgläubiger erhielten das Recht, von dem berufenen Erben innerhalb eines bestimmten *spatium deliberandi* eine Entscheidung über den Antritt der Erbschaft zu fordern, und die widerrechtliche Besitzergreifung von Erbschaftssachen wurde jetzt als *crimen expilatae hereditatis* bestraft, *Gaius II. 55. 57. 167. l. 2. 3. D. expil. hered. (47. 19).* — Abweichende Ansichten über den Ursprung der *b. p.* sind aufgestellt von Löhr in seinem Magazin III Nr. 8 IV. 20. Fabricius. Ursprung und Entwickelung der *b. p.* S. 17 ff. (1837), Leist in Glück's Pandektencommentar, Buch 37 und 38 der Digesten, Theil I (1870).

II. Wie sich auf dem Gebiete des Intestaterbrechtes neben der civilen Intestaterbfolge *(hereditas legitima)* die prätorische Intestaterbfolge *(bonorum possesio intestati)* entwickelte, so entstand auch auf dem Gebiete des testamentarischen und des Notherbrechtes durch die Reformen, welche die veränderte Rechtsansicht des römischen Volkes forderte, neben der civilen testamentarischen Erbfolge *(hereditas testamentaria)* eine prätorische testamentarische Erbfolge *(bonorum possessio secundum tabulas)*, und neben der civilen Notherbfolge eine prätorische Notherbfolge *(bonorum possessio contra tabulas) l. 6 §. 1 D. de b. p. (37. 1).* In diesem neuen im Edict aufgestellten Erbrechtssystem gelten für die Delation und Acquisition der Erbschaft, für das Verhältniss des *bonorum possessor* zum *heres*, und für den Schutz des prätorischen Erbrechtes folgende Grundsätze.

A. Delation. Die Delationsgründe sind bei der *b. p.* dieselben wie bei der *hereditas*. Das Edict beruft:

1. *si tabulae testamenti nullae extabunt*, die civilen wie die prätorischen Intestaterben zur prätorischen Intestaterbfolge *(b. p. intestati)*;

2. *si tabulae testamenti extabunt*, beruft das Edict:
   a) *contra tabulas* die civilen und prätorischen Notherben zur prätorischen Notherbfolge *(b. p. contra tabulas)*, und
   b) *secundum tabulas* die civilen und prätorischen Testamentserben zur prätorischen testamentarischen Erbfolge *(b. p. secundum tabulas)*.

Für diese Berufung gilt nach dem Edict folgende Successionsordnung *(successorium edictum)*: zuerst werden die im Testament übergangenen Notherben zur *b. p. contra tabulas* berufen, dann die Testamentserben zur *b. p. secundum tabulas* und schliesslich die Intestaterben zur *b. p. instestati* nach der Reihenfolge der Intestatklassen *(ordines)*, welche für sie nach der Nähe der Verwandtschaft mit dem Erblasser aufgestellt sind, *l. 1. pr. D. de succ. ed. (38. 9) § 3. 5 I. de b. p. (3. 9), l. 1. § 1. D. si tab. test. (38. 6)*. Durch die Berufung erhält der Berufene das prätorische Erbrecht, welches durch die Wahl zwischen dem Antritt und der Repudiation der Erbschaft ausgeübt wird. Nothwendige prätorische Erben *(bonorum possessores necessarii)* giebt es nicht; auch dem berufenen *suus* des Erblassers wird *iure praetorio* die Erbschaft nur deferirt, *l. 3. §. 3. D. de b. p. (37. 1)*. Bleibt die Delation an die zuerst berufenen Erben wirkungslos, z. B. weil sie vor dem Antritt sterben, oder repudiiren, so tritt eine successive neue Delation der Erbschaft an diejenigen Personen ein, welche ihnen nach der obigen Successionsordnung folgen, *§ 9 I. de b. p. (3. 9)*.

B. Acquisition. Der Antritt der Erbschaft auf Grund des prätorischen Erbrechtes fordert die Erklärung des Delaten, dass er die *b. p.*, d. i. den Bezitz der Erbschaft haben wolle: *agnitio* oder *petitio bonorum possessionis*. Zur Wirksamkeit dieser Erklärung gehören zwei Erfordernisse:

1. Die Erklärung muss innerhalb einer bestimmten Frist seit der Delation erfolgen: wenn die berufenen Erben Eltern oder Kinder des Erblassers sind, innerhalb eines *annus utilis*, wenn es andere Personen sind, innerhalb 100 *dies utiles*. Deshalb kann die Delation aus dem prätorischen Erbrecht nicht blos durch Tod und Repudiation des Delaten untergehen, sondern auch durch Versäumniss der Agnitionsfrist. Der durch diese Versäumniss Ausgeschlossene kann aber, wenn er in einer der folgenden Classen noch einmal berufen wird, auf Grund dieser neuen Delation die *b. p.* wieder agnosciren, so z. B. der Testamentserbe nach dem Untergang des Testaments als Intestaterbe, *Ulp. frgm. XXVIII. 10. 11; l. 4. D. de b. p. (37. 1), l. 1. §. 10. 11. D. de succ. ed. (38. 9)*.

2. Die Erklärung musste ursprünglich vor dem Prätor oder *praeses provinciae*, nach späterem Rechte vor dem Richter geschehen. Dieser muss dem Antretenden die *b. p.* durch Besitzeinweisung in den Nachlass ertheilen: *admissio bonorum possessionis*. Regelmässig erfolgt diese Ertheilung ohne weitere *causae*

cognitio über das Erbrecht des Petenten auf die blosse Bescheinigung, dass er überhaupt zu den im Edict berufenen Personen gehört: *de plano petitur*, *l. 3. §. 8. D. de b. p. (37. 1).* Verweigert wird die Ertheilung der *b. p.* nur, wenn der Prätor schon einem nach der Successionsordnung früher berufenen Erben die *b. p.* ertheilt hat. Hier kann ein später berufener Erbe die *b. p.* nur erhalten, um jenem in einem Processe den Anspruch auf die *b. p.* zu bestreiten als *bonorum possessio litis ordinandae gratia;* so kann z. B. der Testamentserbe gegen einen Notherben, der die *b. p. contra tabulas* erhalten hat, die *b. p. secundum tabulas litis ordinandae gratia* erbitten, um jenem sein Notherbenrecht zu bestreiten, *l. 6. §. 2. l. 8. pr. D. de inoff. testam. (5. 2).*

Die auf Grund des Edictes ohne weitere *causae cognitio* ertheilte *b. p.* bildet die Regel und heisst *b. p. edictalis* oder *ordinaria*. Durch ein Dekret des Prätors nach vorgängiger Untersuchung wird die *b. p.* nur noch in einzelnen Fällen ertheilt, wenn das Erbrecht einer Person ein ungewisses ist. Diese *b. p. decretalis* oder *extraordinaria* erfolgt daher nur mit der Wirkung einer provisorischen Besitzeinweisung für die Dauer der Ungewissheit. So kann z. B. ein *impubes* des Erblassers, dem die Kindschaft und damit sein Erbrecht bestritten wird, *ex edicto Carboniano* fordern, dass der Process über die Kindschaft bis zu seiner Mündigkeit hinausgeschoben, und ihm inzwischen, also für die Zeit der Ungewissheit seines Erbrechts, der provisorische Besitz seiner Erbportion eingeräumt wird; dies geschieht nach vorgängiger *causae cognitio* durch *b. p. decretalis, l. 2. §. 1. 2. D. quis ordo. (38. 15), D. 37. 10 de Carb. ed.*

C. Verhältniss des *bonorum possessor* zum *heres*. Das prätorische Erbrechtssystem beruft neben den Personen, die kein Civilerbrecht, sondern nur ein prätorisches Erbrecht haben, auch die Civilerben *(heredes)*. Jene können die Erbschaft nur durch Erbittung der *b. p.* erwerben, für diese ist die *b. p.*, weil sie zur *hereditatis aditio* durch formlose Erklärung berechtigt sind, nicht nothwendig, sondern nur nützlich, insofern sie ihnen das *interdictum quorum bonorum* giebt; wenn sie auf diesen Vortheil verzichten wollen, können sie sich mit ihrem Civilerbrecht begnügen. Heute nennt man deshalb die *b. p.* für die blos prätorischen Erben *b. p. necessaria*, für die Civilerben *b. p. utilis*. Das Verhältniss beider zu einander bestimmt die im Edict aufgestellte Successionsordnung: je nachdem diese die prätorischen

Erben neben, vor oder nach den Civilerben beruft, ist die ihnen ertheilte *b. p.* den Civilerben gegenüber eine *b. p. cum re* oder *sine re. Ulp. fr. XXVIII. 13. Gaius III. 35—38.* Die vom Civilerben erbetene *b. p.* dient stets nur *confirmandi iuris civilis gratia*, beim prätorischen Erben dient sie, je nachdem ihn das Edict nach oder vor den Civilerben beruft, *supplendi* oder *corrigendi iuris civilis gratia, pr. § 1. 2 I. de b. p. (3. 9).*

D. Schutz. Der *b. p.* hat das *interdictum quorum bonorum*, um sich von andern Erbprätendenten den Besitz der Erbschaftssachen zu verschaffen, und als *fictus heres* stehen ihm auch die Klagen aus den einzelnen Erbschaftsrechten (Eigenthum, *iura in re*, Forderungen) als *actiones utiles* zu. Das spätere römische Recht gab ihm auch die *hereditatis petitio possessoria* und stellte ihn dadurch dem Civilerben gleich, *D. 5. 5 de possessoria hereditatis petitione.*

Bis auf Kaiser Justinian standen das civile und das prätorische Erbrechtssystem, die *hereditas* und die *bonorum possessio*, selbstständig neben einander. Durch Justinians Reformen wurden sie im Wesentlichen mit einander verschmolzen; nur einzelne prätorische Erbrechte gingen in das Justinianische Recht über, z. B. in der Intestaterbfolge die *b. p. unde vir et uxor (§. 162).*

ZWEITES KAPITEL.

DIE ERBFOLGE.

Erster Abschnitt: Die Intestaterbfolge.

§. 159.

I. Legitima hereditas: Intestaterbrecht nach altem ius civile.

Die Intestaterbfolge des alten *ius civile* gründet sich in den Vorschriften der XII Tafeln. Die XII Tafeln berufen als Intestaterben verschiedene Personen, je nachdem der Erblasser ein *ingenuus* oder ein *libertus* ist. Diese Berufung erfolgt nach gewissen Inststatklassen *(ordines)*, von denen die frühere den späteren vorgeht. Jede Intestatklasse gibt daher bestimmten Personen das Successionsrecht und schreibt für sie die Successionsordnung und Erbtheilung vor, d. h. die Rangordnung, in welcher sie zur Erbschaft berufen werden, und die

Quoten, zu welchen denen, die zusammen berufen werden, die Erbschaft zufallen soll.

1. Beim Tode eines *ingenuus* berufen die XII Tafeln seine agnatische Familie (§. 158) zur Intestaterbfolge in drei Klassen:

Erste Klasse. Hier haben

1. das Successionsrecht: die *sui* und die *postumi sui* des Erblassers. Die Berufung in der ersten Klasse setzt also voraus, dass der Erblasser ein Mann ist; eine Frau kann keine *sui* haben. *Gaius III. 1—8. Ulp. frgm. XXVI. 1—3. 7;*

2. die Successionsordnung bestimmt die Regel: alle *sui* des Erblassers haben ein gleiches Successionsrecht; der *suus* des entferntesten Grades erbt neben dem *suus* des nächsten Grades:

3. die Erbtheilung: die *sui* theilen die Erbschaft nach Stämmen *(in stirpes)* d. h. Söhne und Töchter bekommen Kopftheile. Enkel und Enkelkinder theilen die auf ihren verstorbenen *parens* fallende Quote unter sich nach Köpfen.

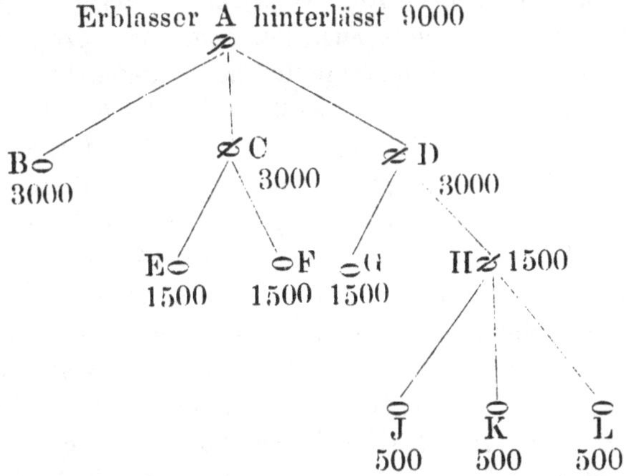

Zweite Klasse.

Hat der Erblasser keine *sui,* oder handelt es sich um die Erbschaft einer Frau, so gestaltet sich die Intestaterbfolge verschieden, je nachdem der Erblasser ein *ingenuus non emancipatus* oder *emancipatus* ist, d. i. je nachdem er durch Emancipation aus seiner agnatischen Familie ausgeschieden ist oder nicht.

A. Der Erblasser ist ein *ingenuus non emancipatus.* Dann haben

1. das Successionsrecht seine agnatischen Seitenverwandten d. i. die Personen, die sich mit ihm in derselben *potestas* bis

zum Tode ihres gemeinsamen paterfamilias befunden haben. Nach den XII Tafeln hatten die weiblichen wie die männlichen Agnaten das Successionsrecht bis zum entferntesten Grade. Das spätere Recht beschränkte das Successionsrecht der weiblichen Agnaten auf die *consanguineae* d. i. auf die agnatischen Schwestern des Erblassers, aus demselben Grunde, aus welchem nach der *lex Voconia (585 a. u. c.)* Frauen von den in der ersten Klasse censirten römischen Bürgern nicht zu Testamentserben ernannt werden sollten: beide Vorschriften bezweckten eine Begünstigung des Mannsstammes, *Gaius III. 9—11. 14. Ulp. frgm. XXVI. 3. 6. Paulus, R. S. IV. 8. §. 13. 14.* Erst Justinian hob diese Beschränkung auf, *pr. §. 6 I. de leg. agn. (3. 2)*;

2. die Successionsordnung bestimmt die Regel: unter den Agnaten schliesst der nähere Grad den entfernteren aus. Fällt der nächste Agnat weg, weil er repudiirt oder vor dem Antritt stirbt, so kommt die Erbschaft nicht durch eine successive neue Delation an den nun nächsten Agnaten, sondern an die dritte Klasse. Das *ius civile* kannte noch keine *successio graduum*; diese wurde erst durch das prätorische Recht eingeführt: *in legitimis hereditatibus successio non est, Gaius III. 11—16, Ulp. l. c. 5, Paulus, R. S. IV. 8. §. 17. 18. 22. 23. §. 7. I. de leg. agn. (3. 2)*;

3. die Erbtheilung: die Agnaten gleichen Grades theilen die Erbschaft unter sich *in capita, Gaius III. 16, Ulp. l. c. 4.*

B. Der Erblasser ist ein *ingenuus emancipatus*, der seine Agnaten durch die Emancipation verloren hat. Hier haben an ihrer Stelle 1, das Successionsrecht der *parens* oder der *extraneus manumissor*, je nach der Emancipationsform (§. 146), oder dessen *sui*, wenn er todt ist; 2. die Successionsordnung und 3. die Erbtheilung ist hier für die *sui* dieselbe wie in der ersten Klasse, *Coll. leg. XVI. 9. § ult. I. de leg. agn. (3. 2)*.

Dritte Klasse.

Werden die in der zweiten Klasse berufenen Personen nicht Erben, so haben nach den XII Tafeln in der dritten Klasse das Successionsrecht die *gentiles* des Erblassers, d. i. die seiner *gens* angehörigen römischen Bürger. Wie es sich mit der Successionsordnung und Erbtheilung verhielt, ist nicht bekannt. Durch den Verfall der Gentilität wurde diese Klasse beseitigt; schon zu Gajus Zeit gab es keine *gentes* mehr, *Gaius III. 17. Coll. leg. XVI. 4. 2.*

II. Beim Tode eines *libertus* kommt in Betracht, ob er durch die Manumission ein *civis Romanus* wurde, oder ein *Latinus Iunianus*, oder ein *dediticius* (*§. 26*).

1. Beim Tode eines *libertus civis Romanus* berufen die XII Tafeln seine Intestaterben in drei Klassen:

Erste Klasse: hier haben das Successionsrecht die *sui* und *postumi sui* des Erblassers; die Successionsordnung und Erbtheilung ist für sie dieselbe wie beim Tode eines *ingenuus*.

Zweite Klasse: hier haben das Successionsrecht der *patronus* oder die *patrona* des Erblassers, und die *liberi patroni* d. i. die Kinder des Patrons; die Successionsordnung bestimmt die Regel: der *patronus* oder die *patrona* gehen den *liberi* vor und unter diesen schliesst der nähere Grad den entfernteren, also z. B. der Sohn den Enkel aus; die Erbtheilung erfolgt unter den *liberi* gleichen Grades nicht in *stirpes*, sondern *in capita*.

Dritte Klasse: hier hat das Successionsrecht die *familia patroni* d. i. die *gens*, zu welcher der Erblasser gehörte. *Ulp. frgm. XXVII. 1—4. § 3 I. de succ. lib. (3. 7)*.

2. Beim Tode eines *libertus Latinus Iunianus* fiel das Vermögen desselben, weil er nach der *lex Iunia Norbana* als Sclave starb, als *peculium* an seinen Patron oder dessen Erben; den *extranei heredes* des Patrons sollen aber nach einem *senatusconsultum Largianum* die *liberi* des Patrons vorgehen, die er in seinem Testament nicht *nominatim*, sondern nur *inter ceteros* enterbt hat, *Gaius III. 55—73*.

3. Beim Tode eines *libertus*, der *ex lege Aelia Sentia* ein *dediticius* ist, kommt die Form der Manumission in Betracht: hätte der *libertus* nach dieser an sich *civis Romanus* werden müssen, so wird er wie ein *civis Romanus* nach den Grundsätzen *sub 1* beerbt; musste er nach ihr an sich *Latinus Iunianus* werden, so gelten für ihn bei seinem Tode die Grundsätze *sub 2, Gaius III. 74—76*.

§. 160.

II. Bonorum possessio intestati: Intestaterbrecht nach ius praetorium.

Auch das prätorische Edict beruft verschiedene Personen zur Intestaterbfolge, je nachdem der Erblasser ein *ingenuus* oder ein *libertus* ist. Für den ersten Fall stellt es vier, für den zweiten sieben Intestatklassen auf, in welchen neben den civilen Erben blossen Cognaten des Erblassers ein prätorisches Erbrecht gegeben ist, vermöge dessen sie je nach der Nähe ihres Familienverhältnisses zum Erblasser mit, vor oder nach den civilen Erben zur Erbschaft berufen werden. Versäumen die in einer Klasse berufenen Erben die Agnition der *b. p.* innerhalb der vorgeschriebenen Frist, oder sterben sie vor der Agnition, oder repudiiren sie die Erbschaft, so wird die Erbschaft nun an die in der nächsten Intestatklasse berufenen Personen deferirt oder, wenn in einer Intestatklasse die Berufung nach der Gradesnähe erfolgt, an den nächsten Grad der Verwandtschaft. Diese successive neue Delation der Erbschaft ist die vom Prätor eingeführte s. g. *successio ordinum et graduum, l. 1. §. 10. 11 D. de succ. ed. (38. 9).*

I. *Bonorum possessio intestati* beim Tode eines *ingenuus.*

Erste Klasse: *Bonorum possessio unde liberi.* Hier haben 1. das Successionsrecht die *liberi* des Erblassers, das sind seine *sui* und als blosse Cognaten seine *emancipati,* die seine *sui* sein würden, wenn sie nicht emancipirt wären. Zu den *emancipati* gehören nur die emancipirten leiblichen, nicht auch die emancipirten Adoptivkinder, und auch die leiblichen nicht, wenn und so lange sie durch Arrogation in eine andere agnatische Familie eingetreten sind, *Ulp. frgm. XXVIII. 8. Gaius II. 136. 137. l. 1 §. 6 D. si tab. (38. 6)*; 2. die Successionsordnung bestimmt hier die Regel: der nähere Grad *(A)* schliesst den entfernteren von ihm abstammenden *(B)* aus, nicht aber den entfernteren von ihm nicht abstammenden *(D).* Tritt nach dieser Regel eine Collision zwischen dem civilen und prätorischen Intestaterbrecht ein, weil ein *iure praetorio* berufener *emancipatus (X)* die von ihm abstammenden *sui* des Erblassers *(Y* und *Z)* ausschliessen würde, so muss der *emancipatus* seinen Erbtheil mit seinen in der *potestas* des Erblassers zurückgebliebenen Kindern theilen. Diese Bestimmung wurde durch *Salvius Iulianus,* dem Verfasser des *edictum perpetuum,* unter *Hadrian* dem Edict hinzugefügt und wird heute die *nova clausula Iuliani* oder das *edictum de coniungendis cum emancipato liberis eius* genannt, *l. 5 pr. D. si tab. (38. 6), l. 1 pr. l 3 D. de coniung. (37. 8)*; 3. die Erbtheilung für die *liberi* erfolgt in derselben Weise nach Stämmen (*in stirpes*) wie bei den *sui* nach *ius civile.*

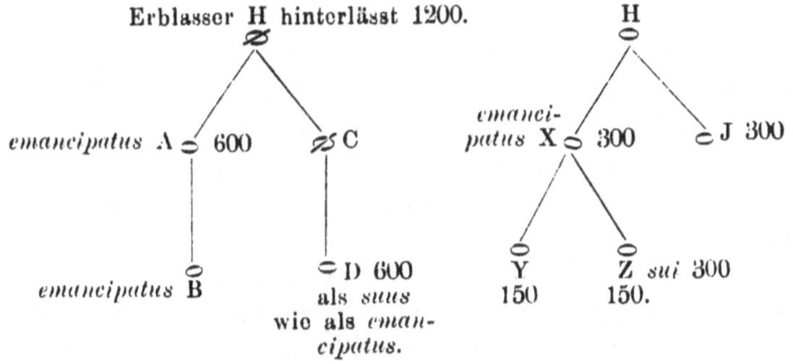

Der *emancipatus*, der neben dem *suus* erben will, ist aber, um die Ungleichheit, welche an sich zwischen beiden im alten Recht bestand, zu beseitigen, zur *collatio bonorum* verpflichtet, d. h. er muss sein seit der Emancipation bis zum Tode des Vaters erworbenes Vermögen in die Erbschaft conferiren, weil alle Erwerbungen des *suus* in dieser Zeit wegen seiner Vermögensunfähigkeit das väterliche Vermögen vermehren; nur die *bona castrensia* und *quasi castrensia* braucht er nicht in die Erbschaft einzuwerfen, weil diese auch der *suus* für sich erwirbt, *Ulp. frgm. XXVIII. 4. l. 1 §. 13 D. de coniung. (37. 8).* Im Justinianischen Recht ist mit der Vermögensfähigkeit der Hauskinder die *collatio bonorum* weggefallen. Es giebt nur noch eine Collation von einzelnen Vermögensstücken, die ein Kind vor andern Kindern bei Lebzeiten des Vaters erhalten hat, z. B. eine *dos*, eine *donatio*, *c. 20 pr. §. 5 C. de collat. (6. 20).*

Hat der Erblasser keine *sui* oder *emancipati* hinterlassen, oder handelt es sich um die Erbschaft einer Frau, die keine *sui* oder *emancipati* haben kann, oder sind die *sui* oder *emancipati* durch Repudiation oder durch Versäumniss der Agnitionsfrist weggefallen, so tritt nach der *successio ordinum* die Delation der Erbschaft an die nächste Klasse ein.

Zweite Klasse: *Bonorum possessio unde legitimi.* Hier haben 1. das Successionsrecht die sämmtlichen Intestaterben des *ius civile*, also:

a) die *sui*; sie werden hier noch einmal berufen, wenn sie die Agnitionsfrist für die erste Klasse versäumt haben;

b) die *agnati* oder, wenn der Erblasser ein *ingenuus emancipatus* ist, der *parens* oder *extraneus manumissor*. Dem *extraneus manumissor* zieht aber den Prätor in einer besonderen

Klasse, in der *bonorum possessio unde decem personae,* die zehn nächsten Cognaten des Erblassers vor. Dies sind *α.* seine cognatischen väterlichen und mütterlichen Ascendenten bis zum zweiten Grade *(pater, mater, avus, avia), β.* seine cognatischen Descendenten bis zum zweiten Grade *(filii, filiae, nepotes, neptes),* und *γ.* seine cognatischen Seitenverwandten bis zum zweiten Grade *(fratres, sorores), l. 2 §. 4 D. unde legit. (38. 7), §. 3. I. de b. p. (3. 9);* 2. die Successionsordnung und 3. die Erbtheilung ist für die *sui* und *agnati* dieselbe, wie nach *ius civile, Gaius III. 28;* für die *decem personae* werden sie durch die Regel bestimmt: der nähere Grad der Cognation schliesst den entfernteren aus, und die Cognaten gleichen Grades theilen die Erbschaft *in capita.*

Agnosciren die Erben der zweiten Klasse die *b. p.* nicht, so kommt die Delation der Erbschaft an die nächste Klasse.

Dritte Klasse: *Bonorum possessio unde proximi cognati.* Hier haben 1. das Successionsrecht die Cognaten des Erblassers, aber nur bis zum sechsten Grad und aus dem siebenten noch die *sobrino sobrinave nati nataeve.*

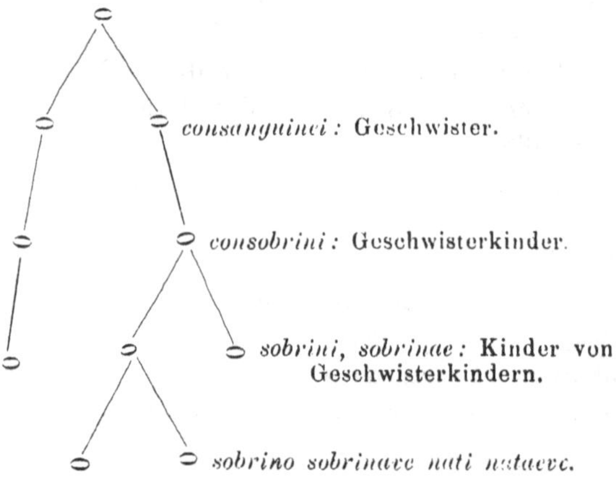

Hier werden also auch die Kinder einer Erblasserin berufen, ferner Frauenspersonen *ultra gradum consanguinitatis,* ferner Agnaten, die durch *capitis deminutio* die Agnationsrechte verloren haben, insbesondere die in Adoption gegebenen Kinder des Erblassers; ferner die Agnaten, die für die zweite Klasse die Agnitionsfrist versäumt haben, *l. 1 pr. §. 3 D. unde cogn. (38. 8), Ulp. frgm. XXVIII. 9. Gaius III. 29. 31;* 2. die Successionsordnung bestimmt hier die Regel: der nähere Cognat schliesst den entfernteren aus: wenn aber die näheren Cognaten wegfallen, so wird die Erbschaft durch *successio graduum* den entfernteren Cognaten deferirt, und wenn alle Cognaten weggefallen sind, kommt die Delation durch *successio ordinum* an die vierte und letzte Klasse; 3 die Erbtheilung für die Cognaten gleichen Grades erfolgt *in capita*.

Vierte Klasse: *Bonorum possessio unde vir et uxor.* Hier hat das Successionsrecht der überlebende Ehegatte, *l. un. pr D. unde vir (38. 11).*

II. Bonorum possessio intestati beim Tode eines *libertus*.

Die drei ersten Intestatklassen sind hier dieselben wie beim Tode eines *ingenuus: B. P. unde liberi, unde legitimi* und *unde proximi cognati, Collat. XVI. 9 §. 1. 2. l. 1. §. 2 D. unde cogn (38. 8).* Nach ihnen folgt als:

Vierte Klasse: *B. P tum quem* (oder *tanquam*) *ex familia patroni,* heute gewöhnlich *b. p. unde familia patroni* genannt. Hier haben 1. das Successionsrecht die Agnaten des Patrons des Erblassers; 2. die Successionsordnung und die Erbtheilung bestimmt die Regel: der nähere Agnat schliesst den entfernteren aus, und die Agnaten gleichen Grades theilen die Erbschaft *in capita, Ulp. frgm. XXVIII. 7. §. 3. 5. I. de b. p. (3. 9).*

Fünfte Klasse: *patronus, patrona, liberi et parentes patroni patronaeve.* Hier hatten wahrscheinlich 1. das Successionsrecht der Patron des Patrons, wenn der Patron des zu beerbenden *libertus* selbst ein *libertus* war, ferner die Descendenten des Patrons des Erblassers, die keine *sui* waren und deshalb nicht als *heredes legitimi* in der zweiten Klasse das Successionsrecht hatten, und endlich die Ascendenten des Patrons des Erblassers; 2. die Successionsordnung bestimmte wahrscheinlich die Regel: der Patron des Patrons schliesst die *liberi* und *parentes* des Patrons aus, und unter diesen geht der nähere Grad dem entfernteren vor; 3. die Erbtheilung erfolgt für *liberi* und *parentes* gleichen Grades nach Köpfen, *Ulp. frgm. XXVIII. 7. §. 3 I. de b. p. (3. 9).*

Sechste Klasse: *B. P. unde vir et uxor.* Hier hat der überlebende Ehegatte des Erblassers das Successionsrecht.

Siebente Klasse: *B. P. unde cognati manumissoris.* Hier haben 1. das Successionsrecht die Cognaten des Patrons des Erblassers, aber nur bis zum sechsten Grade und aus dem siebenten noch die *sobrino sobrinave nati nataeve;* 2. die Successionsordnung und die Erbtheilung bestimmt die Regel: der nähere Cognat schliesst den entfernteren aus, und die Cognaten gleichen Grades theilen die Erbschaft *in capita, Ulp. frgm. XXVIII. 7. §. 3 I. de b. p. (3. 9).*

Fehlt es beim Tode eines *ingenuus* oder *libertus* an allen Personen, die das Edict zur *b. p.* beruft, oder fallen sie sämmtlich weg, so wird die Erbschaft dem Fiskus deferirt, *Ulp. frgm. XXVIII. 7.*

§. 161.

III. Reformen durch das spätere Civilrecht.

Als mit dem Untergang des *ius edicendi* unter *Hadrian* die Fortbildung des röm. Rechts durch die Prätoren aufhörte, erfolgte die weitere Begünstigung der Cognaten im Intestaterbrecht, wie sie das Rechtsgefühl des römischen Volkes forderte, nachdem jeder Grund für den Vorzug der Agnaten weggefallen war, durch *senatusconsulta* und kaiserliche Constitutionen. Dies waren Quellen des *ius civile* und deshalb die Erbrechte, welche sie den Cognaten gewährten, nicht *bonorum possessiones,* sondern *hereditates.* Zuerst wurde das Erbrecht der Mutter gegen ihre Kinder verbessert durch das *S. C. Tertullianum* unter *Hadrian,* später auch das Erbrecht der Kinder gegen ihre Mutter durch das *S. C. Orphitianum* unter *Marc Aurel (178. p. Chr.).*

1. S. C. Tertullianum. Nach *ius civile* beerbte die Mutter ihre Kinder, wenn sie eine *uxor in manu* war, in der zweiten Klasse als agnatische Schwester. Lebte sie in freier Ehe, so hatte sie nach *ius civile* gegen ihre Kinder gar kein Erbrecht, nach *ius praetorium* beerbte sie dieselben in der dritten Klasse *unde proximi cognati.*

Dies änderte das *S. C. Tertullianum* durch folgende Bestimmung: auch eine Mutter in freier Ehe soll ihre Kinder in der zweiten Klasse wie eine Agnatin beerben, wenn sie das *ius liberorum* hat, d. i. wenn sie als *ingenua* dreimal, als *liberta* viermal geboren hat; der *parens manumissor* und der *frater consanguineus* sollen ihr vorgehen, dagegen mit den *sorores consanguineae* soll sie zusammen erben; sind mehrere Schwestern da, so soll die Erbschaft zur Hälfte an die Mutter fallen und zur andern Hälfte an die Schwestern, *Ulp. frgm. XXVI. 8, Paulus R. S. IV. 9 §. 7. 9. §. 2. 3 I. de S. C. Tert. (3. 3).*

Kaiser Justinian änderte dieses Erbrecht der Mutter, bevor er in der Novelle 118 sein neues Intestaterbrecht aufstellte, in folgender Weise ab: er erliess die Bedingung des *ius liberorum*, er beseitigte den Vorzug des *parens manumissor* und des *frater consanguineus* und bestimmte, die Mutter solle, wenn sie mit mehreren Schwestern zusammen erbe, nur einen Kopftheil erhalten, *§. 4. 5. I. eod.*

Später begünstigte Justinian auch die cognatischen Geschwister und Geschwisterkinder des Erblassers; er stellte sie den agnatischen gleich, gab aber in der Novelle 84 den vollbürtigen Geschwistern einen Vorzug vor den halbbürtigen.

II. S. C. Orphitianum. Nach *ius civile* beerbten die Kinder ihre Mutter, wenn sie eine *uxor in manu* war, in der zweiten Klasse unter den Agnaten. Lebte die Mutter in freier Ehe, so hatten sie nach *ius civile* gar kein Erbrecht gegen die Mutter; nach *ius praetorium* beerbten sie dieselbe in der dritten Klasse *unde proximi cognati.*

Durch das *S. C. Orphitianum* trat folgende Aenderung zu Gunsten der Kinder ein: Kinder ersten Grades, Söhne und Töchter, sollen ihre Mutter an erster Stelle vor allen Agnaten beerben. Das *S. C.* führte also gleichsam eine *b. p. unde liberi* für die Beerbung der Mutter ein. *Ulp. frgm. XXVI. 7. §. 3 I. de S. C. Orph. (3. 4), c. 1 C. h. t. (6. 57).*

Später dehnten kaiserliche Constitutionen das Erbrecht der Söhne und Töchter gegen ihre Mutter auch auf die entfernteren Descendenten, Enkel etc. aus, *§. 15. 16 I. de hered. quae ab int. (3. 1).*

§. 162.

IV. Intestaterbrecht der Nov. 118.

Nach dem bisherigen Entwicklungsgange knüpfte sich die Intestaterbfolge im Princip immer noch an die agnatische Verwandtschaft; die Erbrechte der Cognaten waren nur Ausnahmen. Deshalb setzte sich auch der durch sie hervorgerufene Dualismus zwischen den civilen und prätorischen Erbklassen fort, als die Erbrechte der Cognaten nicht mehr durch den Prätor, sondern durch den Senat und durch die Kaiser zur Anerkennung gebracht wurden; sie wurden in jene Erbklassen eingefügt. Das bei Justinian's Regierungsantritt geltende Intestaterbrecht bedurfte daher nach zwei Richtungen einer Umgestaltung: es musste, da alle Gründe, welche früher den Vorzug der Agnaten vor den Cognaten rechtfertigten, weggefallen waren, die Intestaterbfolge, statt mit agnatischen, mit der cognatischen Verwandtschaft verbunden, und es musste folgeweise für die Cognaten eine einheitliche Intestaterbfolgeordnung aufgestellt werden, welche nach der Innigkeit des Verwandtschaftsverhältnisses in bestimmten Klassen die näheren vor den entfernteren zur Erbschaft beruft. Nach diesen Anforderungen hat Justinian durch die Novelle 118 (*543 p. Chr.*) und durch einen Nachtrag in der Novelle 127 (*547 p. Chr.*) die Erbfolge beim Tode eines *ingenuus* neu geregelt. Die Erbfolge beim Tode eines *libertus* wurde von ihm schon früher von Neuem festgestellt durch eine Constitution vom Jahre 531.

I. Intestaterbfolge beim Tode eines *ingenuus* nach der Novelle 118 und 127.

Die Novelle 118 beruft beim Tode eines *ingenuus* die Cognaten desselben in vier Klassen; an sie schliesst sich als fünfte Klasse die aus dem prätorischen Recht stehen gebliebene *bonorum possessio unde vir et uxor*. Bei diesen fünf Klassen tritt, wie früher im prätorischen Erbrecht, *successio ordinum et graduum* ein.

Erste Klasse: Nov. 118 c. 1.

Hier haben 1. das Successionsrecht die cognatischen Descendenten eines Erblassers und einer Erblasserin; 2. die Successionsordnung bestimmt die Regel: der nähere Grad schliesst den entfernteren von ihm abstammenden aus, aber nicht den entfernteren von ihm nicht abstammenden. Die *S. O.* ist also dieselbe wie in der *b. p. unde liberi;* nur die *clausula Iuliani* hat ihre Geltung verloren: der nähere Descendent schliesst nach der Nov. 118 den von ihm abstammenden stets aus; 3. die Erbtheilung für die zusammen berufenen Descendenten erfolgt *in stirpes*.

Wird ein filiusfamilias von seinen Descendenten beerbt, so behält der paterfamilias an den Erbtheilen desselben den *ususfructus,* den er am Vermögen des filiusfamilias bei dessen Lebzeiten hatte.

Zweite Klasse: Nov. 118 c. 2.

Hier haben 1. das Successionsrecht die cognatischen Ascendenten des Erblassers, die vollbürtigen Geschwister und die Kinder von verstorbenen vollbürtigen Geschwistern; das frühere Successionsrecht des Vaters als *parens manumissor* ist durch die Novelle 118 aufgehoben; 2. die Successionsordnung bestimmt folgende Regel: unter den Ascendenten schliesst der nähere Grad den entfernteren aus; mit den nächsten Ascendenten erben die vollbürtigen Geschwister und Geschwisterkinder zusammen. Nach der Novelle 118 wurden die Geschwisterkinder durch die Ascendenten ausgeschlossen; die Nov. 127 bestimmte, dass die Geschwisterkinder nicht blos neben Geschwistern, sondern auch neben Ascendenten berufen werden sollen; 3. die Erbtheilung erfolgt für die Ascendenten und Geschwister *in capita*, für die Geschwisterkinder *in stirpes*.

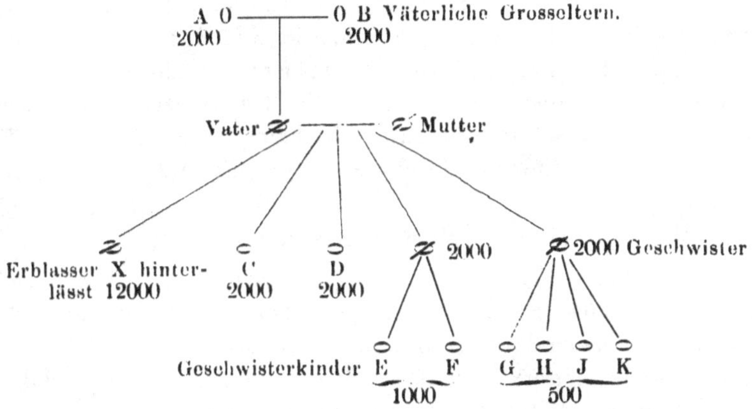

Dieser Grundsatz für die Erbtheilung erleidet eine Ausnahme, wenn der Erblasser keine Geschwister und Geschwisterkinder, sondern nur väterliche und mütterliche Ascendenten gleichen Grades hinterlässt. In diesem Fall erfolgt die Erbtheilung der Ascendenten nicht *in capita*, sondern *in lineas*, d. h. die Erbschaft wird in zwei Hälften getheilt, davon theilen die eine die väterlichen, die andere die mütterlichen Ascendenten gleichen Grades unter sich nach Köpfen.

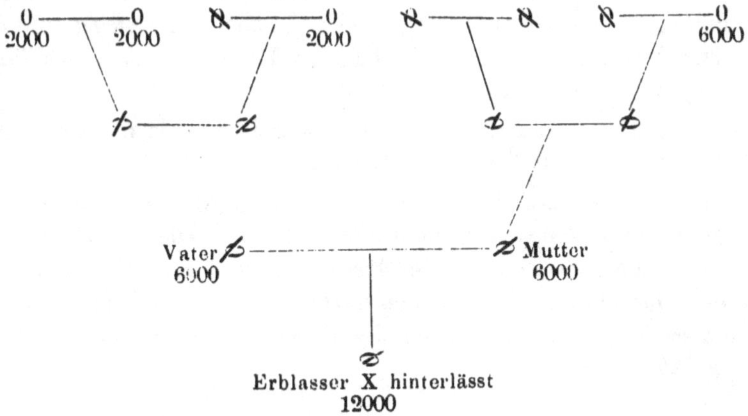

Wird ein filiusfamilias in der zweiten Klasse beerbt, so behält sein paterfamilias nicht an den Erbportionen der Erben den ususfructus, den er bisher am Vermögen des filiusfamilias hatte: er wird dafür durch die Erbportion entschädigt, die ihm selbst als cognatischen Ascendenten zufällt.

Dritte Klasse: Nov. 118 c. 3 pr.

Hier haben 1. das Successionsrecht die halbbürtigen Geschwister des Erblassers und die Kinder von verstorbenen halbbürtigen Geschwistern; 2. die Successionsordnung bestimmt die Regel: die Geschwisterkinder werden neben den Geschwistern zur Erbschaft berufen; 3. die Erbtheilung erfolgt für die Geschwister *in capita,* für die Geschwisterkinder *in stirpes.*

Vierte Klasse: Nov. 118 c. 3 §. 1.

Hier haben 1. das Successionsrecht alle übrigen Seitenverwandten des Erblassers, z. B. Oheime, Tanten etc.; 2. die Successionsordnung bestimmt die Regel: der nähere Grad schliesst den entfernteren aus; 3. die Erbtheilung erfolgt für die Seitenverwandten gleichen Grades *in capita.*

Fünfte Klasse: *b. p. unde vir et uxor.*

Hier hat das Successionsrecht der überlebende Ehegatte.

II. Intestaterbfolge beim Tode eines *libertus* nach *c. 4. C. de bon. lib. (6. 4).*

Auch die Intestaterben eines *libertus* beruft das Justinianische Recht in fünf Klassen:

Erste Klasse: Hier haben das Successionsrecht die leiblichen Descendenten des *libertus,* auch wenn sie noch während der Sclaverei erzeugt sind. Die Successionsordnung und die Erbtheilung ist dieselbe wie bei den Descendenten eines *ingenuus, §. 10 I. de grad. cogn. (3. 6).*

Zweite Klasse: Hier haben das Successionsrecht der *patronus* oder die *patrona* des Erblassers.

Dritte Klasse: Hier haben das Successionsrecht die Descendenten des *patronus* oder der *patrona.* Die *S. O.* und die Erbtheilung bestimmt die Regel: unter den Descendenten schliesst der nähere Grad den entfernteren aus, und die Descendenten gleichen Grades theilen die Erbschaft *in capita, pr. I. de assign. lib. (3. 8).*

Vierte Klasse: Hier haben das Successionsrecht die Seitenverwandten des Patrons bis zum fünften Grade. Die *S. O.* und die Erbtheilnng bestimmt die Regel: der nähere Grad schliesst den entfernteren aus, und die Seitenverwandten gleichen Grades theilen die Erbschaft nach Köpfen, *§. 3 I. de succ. lib. (3.7).*

Fünfte Klasse: *B. P. unde vir et uxor.*

Zweiter Abschnitt. Die testamentarische Erbfolge.

§. 163.

I. Testamentaria hereditas.

1. Begriff des Testaments.

Das Testament soll dem Erblasser die Möglichkeit geben, die Intestaterbfolge auszuschliessen, um die Rechte, welche das Familienverhältniss auf den Nachlass giebt, denjenigen Personen einzuräumen, die darauf den grössten sittlichen Anspruch haben, und dadurch dem gegebenen Familienkreis einen andern auf die Zeit seines Todes zu substituiren. Demgemäss hat das Testament den Character einer *lex,* durch welche die Intestaterbfolge aufgehoben und die Erbfolge für den concreten Fall besonders festgestellt wird. Nach seinem Zweck bildet daher den wesentlichen Inhalt des Testaments die Anordnung der Erbfolge d. i. die Erbesernennung oder die Erbeinsetzung (*heredis institutio*). Ohne Erbeinsetzung giebt es kein Testament, und ohne Testament keine Erbeinsetzung, *Gaius II. 229.*

Es giebt nach röm. Recht drei Rechtsgeschäfte, durch welche letztwillige Dispositionen angeordnet werden können: das Testament, das Codicill und das s. g. *fideicommissum orale.* Sie sind insgesammt einseitige Rechtsgeschäfte und bis zum Tode des Erblassers widerruflich, weil sie für die Erklärung seiner *ultima voluntas* bestimmt sind; Testament und Codicill sind solenne Rechtsgeschäfte, für deren Errichtung eine bestimmte Form vorgeschrieben ist, nur das s. g. *fideicommissum orale* ist ein formloses Rechtsgeschäft, *l. 4 D. de adim. leg. (34. 4).* Durch formlose Erklärung kann der Erblasser blos Vermächtnisse errichten; Erbesernennungen und Enterbungen fordern die Form des Testaments. Alle anderweitigen letztwilligen Dispositionen können auch im Testament angeordnet werden; es genügt aber für sie die Form des Codicills.

Ein Testament ist hiernach das einseitige, bis zum Tode des Testators widerrufliche solenne Rechtsgeschäft für die Anordnung von Erbeinsetzungen und Enterbungen, in welchem aber auch alle anderweitigen letztwilligen Dispositionen errichtet werden können, *Ulp. frgm. XX. 1. l. 1 D. qui test. fac. (28. 1).*

Die Erfordernisse für die gültige Errichtung eines Testaments beziehen sich daher auf die Form des Testaments (§. 164), auf die Testirfähigkeit *(testamenti factio)* des Erblassers (§. 165) und auf den Inhalt des Testaments (§§. 166. 167). Aus diesen Erfordernissen ergeben sich die Gründe, welche ein Testament ungültig machen (§. 168).

Die vom *ius civile* aufgestellten Vorschriften über die Errichtung und über die Ungültigkeit des Testaments haben durch das *ius praetorium* und durch das Justinianische Recht Modificationen erfahren. Deshalb muss nach dem civilen testamentarischen Erbrecht *(testamentaria hereditas §§. 163—168)* die *b. p. secundum tabulas* (§. 169) und das Justinianische Recht (§. 170) dargestellt werden.

§. 164.

2. Erfordernisse der Errichtung.

a. Form.

I. Das in der Gentilverfassung begründete Interesse des Staates forderte, dass das Vermögen des Testators in seiner *gens* verblieb, dass er es nicht fremden Personen zuwandte. Deshalb musste er seine Entschliessung, wie er über sein Vermögen auf den Todesfall disponiren wollte, dem *populus Romanus* vorlegen und von ihm zu einem Volksbeschluss erheben lassen (§. 158). Die beiden ältesten Testamentsformen waren demgemäss:

1. das *testamentum calatis comitiis* d. i. die mündliche Erklärung des letzten Willens in den Comitien, die sich zweimal im Jahre für die Errichtung von Testamenten versammelten; dies war die Testamentsform im Frieden;

2. das *testamentum in procinctu* d. i. die mündliche Erklärung des letzten Willens vor dem in Schlachtordnung aufgestellten Heere; dies war die Testamentsform im Kriege. *Gaius II. 101.*

In beiden Formen war das Testament eine *lex*, durch welche die Intestaterbfolge aufgehoben wurde. Deshalb mussten alle Dispositionen im Testament, wie in einem Gesetze, mit befehlenden Worten *(verbis imperativis)* angeordnet werden, *Gaius II. 117.*

II. Als mit dem Verfall der Gentilität das Interesse des Staates an der Errichtung der Testamente wegfiel, entstand zuerst neben den beiden alten Testamentsformen und später an deren Stelle eine dritte bequemere, welche die Errichtung eines Testaments auch bei plötzlich eintretender Todesgefahr ermöglichte. Man substituirte dem römischen Volke Volksvertreter in Gestalt von fünf Zeugen, welche die fünf Vermögensklassen des *populus Romanus* repräsentirten. Diese neue mündliche Testamentsform hiess *testamentum per aes et libram,* weil es *per mancipationem* errichtet wurde, und wird danach heute das Mancipationstestament genannt. Es war eine Copie des Comitientestaments und bestand, wie dieses, aus zwei Acten: der *mancipatio familiae* und der *nuncupatio, Gaius II. 102. 103. Ulp. frgm. XX. 2. 9.*

1. Die *mancipatio familiae* war ein symbolischer Act, durch welchen der Testator den Erben *(familiae emtor)* in seine Familie aufnimmt und ihm auf seinen Todesfall die Rechte des nächsten Familiengliedes an seinem Nachlasse *(familia)* überträgt. Das Testament war daher ein Geschäft mit dem Erben.

2. Die *nuncupatio* war die Erklärung, durch welche der Testator seine anderweitigen letztwilligen Dispositionen anordnete und mit deren Ausführung den Erben beauftragte, *Gaius II. 103.*

Zur gültigen Errichtung des *testamentum per aes et libram* gehörten folgende Erfordernisse:

a) die Gegenwart des Erben als *familiae emtor*, des *libripens* und der fünf Zeugen; sie müssen sämmtlich *cives Romani* oder *Latini* sein, *Ulp. frgm. XX. 8;*

b) die Zeugen müssen *testes rogati* und *idonei* d. h. zum Testamentszeugniss aufgefordert und fähig sein.

Unfähig sind: Unmündige, Taube, Stumme, *furiosi*, Frauen und alle Personen, die mit dem Testator oder *familiae emtor* durch das Band der *patria potestas* verbunden sind. Diese Personen können auch nicht *libripens* sein. *Gaius II. 105 ff. Ulp. frgm. XX. 3. 7;*

c) die *unitas actus* d. h. der Act der Testamentserrichtung darf nicht ausgesetzt oder durch Einmischung fremdartiger Geschäfte unterbrochen werden, *l. 21. §. 3 D. qui test. fac. (23. 1).*

III. In späterer Zeit trat neben das mündliche *testamentum per aes et libram* das schriftliche, weil das Bekanntwerden des letzten Willens dem Testator häufig die Feindschaft der in ihren Erwartungen getäuschten Personen zuzog, *Nov. Theod. II. lib. 1. 16. §. 1.* Diese Schriftlichkeit des Testaments führte zu folgenden Veränderungen:

1. Die *mancipatio familiae* wurde vom Testator nicht mit dem Erben, der unbekannt bleiben sollte, vorgenommen, sondern mit einem ganz unbetheiligten Dritten, der ihn vertrat. Dieser war jetzt der *familiae emtor,* der die Solennitäten der Mancipation vornehmen und dabei eine Formel aussprechen musste, aus welcher sich sein Verhältniss zur Sache ergab. Diese Veränderung machte die *mancipatio familiae* zu einer inhaltlosen Förmlichkeit, die einstweilen *propter veteris iuris imitationem* beibehalten vurde, später aber die Entstehung des s. g. prätorischen Testaments (§. 169) zur Folge hatte.

2. Die *nuncupatio* wurde zu einer blossen Formel, in welcher der Testator die Testamentsurkunde, die jetzt die Erbeinsetzungen und sonstigen letztwilligen Dispositionen enthielt, vor den Zeugen für seinen letzten Willen erklärte: *haec ita ut in his tabulis cerisque scripta sunt, ita do, ita lego, ita testor, itaque vos Quirites testimonium mihi perhibetote, Gaius II. 103. 104.* Eine Versiegelung der Testamentsurkunde, um sie gegen Fälschung zu sichern, war nach *ius civile* nicht erforderlich, *§. 2 I. de testam. ord. (2. 10).*

§. 165.

b. *Testamenti factio.*

Der Ausdruck *testamenti factio* bezeichnet drei Fähigkeiten:

I. die Fähigkeit, ein Testament zu errichten, heute *testamenti factio activa* genannt. Sie setzt in der Person des Testators *commercium* und *connubium*, also den *status civitatis* voraus, ferner Vermögensfähigkeit und selbständiges Vermögen, und die zur Testamentserrichtung erforderliche Einsicht. Demgemäss fehlt die Testirfähigkeit:

1. aus öffentlichen Gründen: den Peregrinen, Latinen und Sclaven. Zweck des Testaments ist, den Erben durch *manci-*

patio familiae in den Verband einer römischen Familie aufzunehmen, die nur ein *civis Romanus* haben kann. Peregrinen und Latinen sind deshalb nur fähig, nach den Gesetzen ihres eigenen, nicht nach denen des römischen Staates zu testiren. *Latini Iuniani, dediticii* und *captivi* können überhaupt kein Testament machen; das vor der Gefangenschaft vom *captivus* errichtete Testament bleibt aber *ex lege Cornelia* gültig. Die *testamenti factio* ist daher *iuris publici*: sie ist durch den *status civitatis* bedingt, *Ulp. frgm. XX. 14. Gaius I. 23. 25. l. 3, l. 8 pr. § 1 D. qui test. fac. (28. 1)*; im Justinianischen Recht ist der Gegensatz von *cives, Latini* und *peregrini* weggefallen;

2. aus familienrechtlichen Gründen: den Hauskindern, weil ihnen die *patria potestas* im alten Recht die Vermögensfähigkeit, im späteren Recht die Fähigkeit, ein selbstständiges Vermögen zu haben, entzieht; nur über die *bona castrensia* und *quasi castrensia* können sie ein Testament machen, weil sie über diese *iure singulari* die Rechte eines paterfamilias haben, *Ulp. frgm. XX. 10. l. 6 pr. D. qui test. fac. (28. 1)*. Ueber die beschränkte Testirfähigkeit der Frauen bis zur Aufhebung der *tutela mulierum* vgl. *Gaius I. 115a. II. 118. 121. 122. Ulp. frgm. XX. 15*;

3. aus psychologischen Gründen: a) allen Personen, die nach ihrer geistigen oder körperlichen Beschaffenheit überhaupt keinen auf Einsicht beruhenden Willen haben oder ihn nicht deutlich erklären können. Zu ihnen gehören die *impuberes, furiosi, prodigi*, Taube und Stumme. Nach Justinianischem Recht sind Taube und Stumme testirfähig, wenn sie zur Erklärung ihres Willens fähig sind. Nur Taubstummgeborenen muss die Testirfähigkeit durch *constitutio personalis* verliehen werden, *Ulp. frgm. XX. 12. 13; §. 1—4 I. quib. non est perm (2. 12), l. 2, l. 16 § 1 l. 17, l. 18 pr. D. qui test. fac. (28. 1), c. 3 pr. c. 9. 10 C. h. t. (6. 22)*. b) dem Testator, der über seine Testirfähigkeit keine Gewissheit hat: bei einem Testament, dessen Gültigkeit der Testator selbst von vornherein bezweifeln muss, fehlt die Garantie, dass seine Dispositionen das Resultat gewissenhafter Erwägung und sein bestimmter Wille sind, *Ulp. frgm. XX. 11. l. 14. 15 D. qui test. fac. (28. 1)*.

Testamenti factio heisst ferner:

II. die Fähigkeit, im Testament als Erbe eingesetzt oder darin anderweitig bedacht, oder als Tutor ernannt zu werden, *§. 4 I. de hered. qual. (2. 19), Ulp. frgm. XXII. 1.* Sie wird heute *testamenti factio passiva* oder Erbfähigkeit genannt und setzt nicht, wie die Testirfähigkeit, den *status civitatis,* sondern nur *commercium,* kein *connubium* voraus. Deshalb fehlt sie:

1. aus öffentlichen Gründen: den Peregrinen und Sclaven, *Gaius II. 110. Ulp. frgm. XXII. 2.* Doch sind Sclaven nicht schlechthin erbunfähig; es kann der Testator a) eigene Sclaven gültig als Erben einsetzen, wenn dies *cum libertate* geschieht; nach Justinianischem Recht liegt in der Erbeinsetzung stillschweigend die Freilassung des Sclaven; b) fremde Sclaven, wenn ihr *dominus,* der durch sie die Erbschaft erwirbt, erbfähig ist: *cum servis ex persona dominorum testamenti factio introducta est, Gaius II. 185–190, Ulp. frgm. XXII. 7—14; pr. I. de hered. inst. (2. 14).* Latini sind nicht erbunfähig, weil sie das *commercium* haben, sondern nur *incapaces (§. 179), Ulp. fr. XXII. 3. 8.*

2. aus familienrechtlichen Gründen: a) den *nondum concepti* d. i. Personen, die beim Tode des Erblassers noch nicht concipirt waren: sie können ihn weder *ab intestato* noch *ex testamento* beerben, weil der Erblasser in einem Familienverhältniss nur zu Personen stehen kann, die noch gleichzeitig mit ihm *in rerum natura* gewesen sind, *§. 8 I. de hered. quae ab int. (3. 1), l. 3 D. de b. p. s. t. (37. 11)*; b) den *incertae personae:* die Begründung eines Familienverhältnisses zwischen Testator und Erben setzt voraus, dass der Erbe eine bestimmte physische Person ist, desshalb waren als *incertae personae* erbunfähig: *α)* iuristische Personen, *Ulp. frgm. XXII. 5. 6; iure singulari* erhielten im späteren Recht die Erbfähigkeit: der Staat, die politischen und kirchlichen Gemeinden und die Stiftungen; andere juristische Personen haben sie nur, wenn sie ihnen durch *constitutio personalis* ertheilt ist, *c. 22. 23. 26 C. de ss. eccl. (1. 2), c. 8. 12 C. de her. inst. (6. 24), l. 20 D. de reb. dub. (34. 5)*; *β*) physische Personen, von deren Individualität der Erblasser keine bestimmte Vorstellung hat: z. B. mein Erbe soll sein, wer zuerst zu meinem Begräbnisse kommt; Justinian gestattete die Einsetzung solcher *incertae personae, Ulp. frgm. XX. 4. Gaius II. 238. §. 25 I. de leg. (2. 20)*; *γ*) *postumi* d. i. zur Zeit der Testamentserrichtung noch Ungeborene. Ausgenommen waren von vornherein die nach dem Tode des Erblassers geborenen *postumi sui,* und nach der *lex Junia Velleia* auch die, welche nach der Testamentserrichtung bei Lebzeiten des Testators geboren oder durch Wegfall einer Mittelsperson seine *sui* geworden sind: denn

diese *sui* waren Notherben, durch deren Präterition das Testament ungültig wurde (§. 171); die Erbeinsetzung von *postumi alieni* gestattete erst Justinian, *Gaius II. 241, 242, Ulp. frgm. XXII. l. 18. 19. l. 29 D. de lib. et post. (28. 2). §. 27. 28 I. de leg. (2. 20)*;

3. nach der *lex Voconia (585 a. u. c.)*: den Frauenspersonen, wenn sie von den in der ersten Klasse censirten Bürgern zu Erben eingesetzt sind (§ 159); diese partielle Erbunfähigkeit der Frauen fiel in späterer Zeit weg, *Gaius II. 274*;

4. nach kaiserlichen Constitutionen: den Kindern von Hochverräthern, der Wittwe, welche das Trauerjahr verletzt, der Mutter, welche sich als Vormünderin ihrer Kinder gegen ihr Gelöbniss wieder verheirathet, bevor sie für dieselben einen Vormund erbeten hat, den Ketzern und Apostaten, und den Ehegatten, die in incestuoser Ehe leben, *c. 5 C. ad leg. Iul. (9. 8), c. 1 C. de sec. nupt. (5. 9), Nov. 22 c. 22. Nov. 22. c. 40. Nov. 94 c. 2, c. 4. 5. 19 C. de haeret. (1. 5), c. 3. 4 C. de apost. (1, 7), c. 6 C. de inc. nupt. (5. 5), Nov. 12 c. 3 § 1.*

Testamenti factio heisst endlich:

III. die Fähigkeit als Testamentszeuge zu fungiren, *§ 6 I. de test. ord. (2. 10).* Sie setzt das *commercium*, die Fähigkeit, Solennitätszeuge zu sein, Handlungs- und Wahrnehmungsfähigkeit, Unabhängigkeit vom Erblasser und vom Erben und die *rogatio testium* voraus. Demgemäss sind unfähig zum Testamentszeugniss: Peregrinen und Sclaven, *prodigi*, Frauen, Unmündige, Wahnsinnige, Stumme, Blinde, der eingesetzte Erbe und die mit ihm durch väterliche Gewalt verbundenen Personen, und die Personen, welche in der Gewalt des Erblassers stehen, *Ulp. frgm. XX. 3—6, Gaius II. 105—108. l. 20 §. 6 D. qui test. (28. 1), §. 6 I. de test. ord. (2. 10).*

§ 166.

c. Inhalt.

α) Erbeinsetzung.

Die Erbeinsetzung *(heredis institutio)* besteht in der Ernennung eines Universalsuccessors, der gleichmässig in die Activa und Passiva des Nachlasses succediren soll.

Der Erblasser kann sich Einen oder mehrere Erben ernennen, entweder als *heredes pro parte scripti* d. i. unter Angabe der Erbschaftsquoten, die sie erhalten sollen, oder als *heredes sine parte scripti;* dann erhalten sie gleiche Quoten.

Ist blos Ein Erbe instituirt, so heisst er *heres ex asse. As* bezeichnet die Erbschaft als Ganzes. Dieses Ganze theilt sich in zwölf *unciae.* Nach diesen *unciae* werden die Quoten der Erben in folgender Weise bezeichnet: zwei *unciae* heissen ein *sextans*, drei *unciae* ein *quadrans*, vier ein *triens*, fünf ein *quincunx*, sechs ein *semis*, sieben ein *septunx*, acht ein *bes*, neun ein *dodrans*, zehn ein *dextans*, elf ein *deunx*, zwölf = *as*. Danach wurden die Erben *ex uncia* oder *ex sextante* u. s. w. instituirt. Hat der Erblasser zuviel *unciae* vertheilt, so tritt eine verhältnissmässige Reduction ein; und hat er die Erbschaft nicht ganz vergabt, so accescirt der Rest den Testamentserben *pro portionibus hereditariis, §. 4—8 I. de hered. inst. (2. 14).*

Zu einer gültigen Erbeinsetzung, durch welche die Existenz eines Testaments bedingt ist, gehörten nach *ius civile* drei Erfordernisse:

1. Sie muss *verbis imperativis et solennibus* angeordnet werden d. i. in bestimmten befehlenden Worten: *Titius heres esto* oder *Titium heredem esse iubeo;* jede andere Form macht die Erbeinsetzung nichtig, *Gaius II. 117.* Constantins Söhne hoben dies Erforderniss auf: die Erbeinsetzung kann jetzt in beliebigen Worten und in jeder Sprache angeordnet werden, *c. 15 C. de test. (6. 23) §. 34 I.; de legat. (2. 20).*

2. Das Testament muss mit der Erbeinsetzung beginnen, weil sie das *caput et fundamentum totius testamenti* ist, (*ordo scripturae*) alle Dispositionen, welche ihr vorausgehen, sind nichtig. Auch dies Erforderniss ist im späteren Rechte weggefallen, *Gaius II. 229. §. 34 I.*

3. Der Testator muss die *testamenti factio activa* im Moment der Testamentserrichtung haben, der Erbe die *testamenti factio passiva* in diesem Moment und später beim Tode des Erblassers von der Delation bis zur Acquisition der Erbschaft. Der temporäre Verlust der Erbfähigkeit in der Zeit zwischen der Testamentserrichtung und dem Tode des Erblassers ist unschädlich, *l. 49 § 1 D. de hered. inst. (28. 5).*

§ 167.

β) Substitutionen.

I. Der Erblasser kann sich nicht blos an erster Stelle einen oder mehrere Erben ernennen, sondern auch für den Fall, dass diese die Erbschaft nicht erwerben können oder wollen, an zweiter Stelle andere Personen als Erben instituiren und so fort: *si ille heres non erit, ille heres esto et deinceps plures.* Diese successiven Erbeinsetzungen bezeichnet das röm. Recht als *gradus heredum:* die an erster Stelle eingesetzten Erben nennt es *primo gradu instituti* und ihre Erbeinsetzung *heredis institutio;* die an zweiter Stelle eingesetzten Erben, welche jenen, wenn sie nicht Erben werden, substituirt sein sollen, nennt es *secundo gradu instituti* oder *primo gradu substituti* und ihre Erbeinsetzung *substitutio.* Dieser *substitutio primo gradu* können dann noch andere *secundo, tertio, quarto gradu* u. s. f. folgen. In dieser Gestalt heisst die Substitution *substitutio vulgaris*, weil sie in jedem Testament vorzukommen pflegte.

Eine *substitutio vulgaris* ist also eine Erbeinsetzung unter der Bedingung, dass ein zuvor ernannter Erbe die Erbschaft nicht erwerben will oder kann.

Als eine Erbeinsetzung fordert die gültige Errichtung der Vulgarsubstitution die Testamentsform, und als eine bedingte Erbeinsetzung wird sie unwirksam, wenn die *conditio* deficirt, weil der zuvor ernannte Erbe die Erbschaft erwirbt, *pr. I. de vulg. subst. (2. 15), l. 1 pr. D. h. t. (28. 6), l. 36 D. eod. Gaius II. 174. 176.*

II. Bei der Errichtung eines Testaments ist die Stellvertretung ausgeschlossen; jeder Testator muss sein Testament in eigner Person errichten. Von dieser Regel lässt das röm. Recht nur in einem Falle eine Ausnahme zu: ein paterfamilias kann seinem *impubes suus* als Stellvertreter desselben unter gewissen Bedingungen einen Erben ernennen. Diese Erbesernennung heisst *pupillaris substitutio (pupillus = impubes)*, und das Testament, in welchem sie gemacht wird, *pupillare testamentum.*

Eine Pupillarsubstitution ist die Ernennung eines Erben für einen *impubes suus* durch seinen paterfamilias unter der dreifachen Bedingung, dass der Vater für sich selbst ein gültiges Testament macht, und dass der *impubes* nach seinem Vater und während der Unmündigkeit verstirbt. Wenn eine dieser Bedingungen deficirt, wird sie unwirksam, *l. 2 pr. D. h. t. (28. 6), §. 5 I. h. t. (2. 16).*

Das Recht zur Pupillarsubstitution hat der Vater auch wenn er den *impubes* in seinem Testament exheredirt: denn dieses Recht soll eine den Familienverhältnissen entsprechende Disposition über das Vermögen des *impubes* ermöglichen für den Fall, dass der *impubes* während der Unmündigkeit und deshalb ohne eigene Testirfähigkeit verstirbt, *Gaius II. 182—184.*

Ist der *impubes suus* im väterlichen Testament instituirt, so kann der Vater ihm dieselbe Person zugleich *vulgariter* und *pupillariter* substituiren: *si filius meus mihi heres non erit, sive heres erit et intra pubertatem decesserit, tunc Seius heres esto.* Hier sagen die röm. Juristen, der Substitut sei *in primum et secundum casum* substituirt, und nennen die Substitution eine *substitio duplex, Gaius II. 179. 180. l. 1 § 1, l. 2 § 6, l. 4 pr. D. h. t. (28. 6).*

III. Kaiser Justinian gab auch den Ascendenten eines *furiosus* das Recht, demselben als Stellvertreter einen Erben zu ernennen *ad exemplum pupillaris substitutionis, c. 9 C. h. t. (6. 26), § 1 I. h. t. (2. 16).* Nach jenen Worten in der *c. 9 cit.* heisst diese Erbesernennung heute: *substitutio quasi pupillaris.* Sie ist von vier Bedingungen abhängig: von der *conditio,* dass der Ascendent für sich selbst ein gültiges Testament errichtet, dass er dem *furiosus* den Pflichttheil hinterlässt, dass der *furiosus* nach dem Ascendenten, und dass er im ununterbrochenen Wahnsinn verstirbt. Die Deficienz einer dieser vier Bedingungen macht die Quasipupillarsubstitution unwirksam.

§ 168.

3. Ungültigkeit.

Ein Testament kann *ab initio* d. i. schon vom Moment seiner Errichtung ungültig sein oder *expost* ungültig werden:

1. *ab initio* ist es ungültig: a) wenn dem Testator die *testamenti factio* fehlt, b) wenn die Testamentsform verletzt ist, c) wenn die Erbeinsetzungen ungültig sind (§. 166); das aus diesen Gründen sofort ungültige Testament heisst *testamentum iniustum* oder *non iure factum;*

2. *expost* wird ein Testament aus drei Gründen ungültig:

a) durch Widerruf des Testators; dieser ist aber nur in doppelter Weise möglich: durch Errichtung eines neuen Testaments und durch absichtliche Zerstörung der Testamentsurkunde. Die blosse Erklärung des Testators, dass sein Testament nicht gelten solle, ist wirkungslos, weil sie leicht blos im Affect abgegeben werden kann. Das durch Widerruf aufgehobene Testament heisst: *testamentum ruptum, Gaius II. 144. Ulp. fr. XXIII. 2. l. 1*

§ 3, l. 4 D. de his quae in test. del. (28. 4), l. 1 § 8 D. si tab. null. (38. 6), §. 7 I. quib. mod. (2. 17);

b) durch den Verlust der Testirfähigkeit: wenn der Erblasser nach der Testamentserrichtung durch *capitis deminutio* die Testirfähigkeit verliert, z. B. weil er durch Arrogation oder Legitimation filiusfamilias wird, so wird das Testament entkräftet und heisst *testamentum irritum, Gaius II. 145. 146. Ulp. fr. XXIII. 4;*

c) durch die Unwirksamkeit sämmtlicher Erbeinsetzungen: z. B. weil alle Erben repudiiren oder vor dem Antritte sterben, oder weil die Bedingungen für ihre Einsetzung deficirt sind. Ohne Erbeinsetzung giebt es kein Testament. Hier heisst das ungültige Testament: *testamentum destitutum, l. 9 D. de test. tut. (26. 2), §. 2 I. quib. mod. (2. 17).*

§ 169.

II. Bonorum possessio secundum tabulas.

Die Neuerungen, welche der Prätor auf dem Gebiet des testamentarischen Erbrechts einführte, beziehen sich auf die Testamentsform und auf die Ungültigkeit des Testaments wegen Verlustes der Testirfähigkeit und wegen Widerrufs des Testators.

I. Mit der Schriftlichkeit des *testamentum per aes et libram* waren die *mancipatio familiae* und die *nuncupatio* inhaltslose Förmlichkeiten geworden (§. 164). Die öffentliche Meinung wollte daher die Gültigkeit eines Testaments nicht mehr von ihrer Beobachtung abhängig gemacht wissen, sondern betrachtete nur die inzwischen üblich gewordene *signatio* und *superscriptio testium* als wesentlich: die Versiegelung der Testamentsurkunde durch die Zeugen und die Beifügung ihres Namens bei den Siegeln. Der Prätor stellte deshalb in seinem Edict den Satz auf: er werde den in einem ohne *mancipatio* und *nuncupatio* errichteten *testamentum septem testium signis signatum* eingesetzten Erben die *b. p. secundum tabulas* ertheilen. Diese *b. p.* wurde für sie eine *b. p. cum re,* als *Antoninus Pius* ihnen gegen die *hereditatis petitio* der civilen Intestaterben eine *exceptio doli* gab. Damit trat neben das civile Testament *per aes et libram* das prätorische Testament mit der blossen *signatio septem testium;* seine Errichtung forderte zwei Zeugen mehr, die an Stelle des *familiae emtor* und des *libripens* traten, *Ulp. frgm. XXIII. 6. XXVIII. 6. Gaius II. 119. 120. §. 2 I. de test. ord. (2. 10).*

II. Nach *ius civile* wurde das Testament ungültig, wenn der Testator die Testirfähigkeit durch *capitis deminutio* verlor, und blieb auch ungültig, wenn er vor seinem Tode wieder testirfähig wurde z. B. wenn er sich hatte arrogiren lassen und später wieder *sui iuris* wurde. Der Prätor bestimmte: wenn der Testator die *testamenti factio* zur Zeit der Testamentserrichtung und zur Zeit des Todes gehabt, in der Zwischenzeit aber nicht gehabt hat, so sollen die instituirten Erben die *b. p. secundum tabulas* erhalten, sofern der Testator mit dem Willen, dass sein Testament gelten solle, gestorben ist, *Gaius II. 147. l. 1 § 8 D. de b. p. s. t. (37. 11).*

III. Nach *ius civile* wurde das Testament ungültig durch Errichtung eines neuen Testaments und blieb auch ungültig, wenn der Testator das zweite Testament durch Zerstörung der Testamentsurkunde aufhob. Der Prätor bestimmte: das erste Testament soll wieder in Kraft treten, wenn das zweite mit dieser Absicht zerstört ist; er giebt den im ersten Testamente instituirten Erben die *b. p. secundum tabulas, l. 11 § 2 D. de b. p. s. t. (37. 11).*

§ 170.

III. Justinianisches Recht.

Nach der Entstehung des prätorischen Testaments wurde die *signatio testium*, welche kaiserliche Constitutionen noch durch die *subscriptio testium et testatoris* verstärkten, auch auf das civile Testament übertragen und auch bei ihm die *mancipatio familiae* ausser Anwendung gesetzt, so dass nun nach civilem wie nach prätorischem Recht das Testament nicht mehr ein mit dem Erben abzuschliessendes Geschäft, sondern ein einseitiger Act des Erblassers war. Später wurde auch die *nuncupatio* beim civilen Testamente beseitigt und dadurch das civile mit dem prätorischen Testament verschmolzen. So gab es schliesslich nur eine Form des schriftlichen Testaments, welche, weil auch das Erforderniss der *verba imperativa* aufgehoben war, die Form einer *lex* völlig abgestreift hatte: Errichtung vor sieben *testes rogati et idonei, subscriptio testatoris et testium* und *signatio et superscriptio testium, §. 1—3 I. de test. ord. (2. 10).*

Auch beim mündlichen Testament, das mit der Einführung des schriftlichen zuerst ganz in den Hintergrund trat und erst später wieder in Gebrauch kam, wurden jetzt die *mancipatio* und *nuncupatio* weggelassen und der *familiae emtor* und *libripens* in Zeugen umgewandelt, Nov. *Theod. II. lib. 1. 16, §. 6.*

Das schriftliche und das mündliche Testament in dieser neuen Gestalt bildete jetzt die regelmässige Testamentsform, aber nicht die ausschliessliche. Es entstand neben ihr für einzelne Fälle noch eine unregelmässige Form; und es entstanden neben diesen Privattestamenten, die ohne Mitwirkung der Obrigkeit errichtet wurden, noch öffentliche Testamente, deren Errichtung vor der Obrigkeit erfolgte.

Hiernach gab es im Justinianischen Recht:

I. Privattestamente in regelmässiger und unregelmässiger Form:

A. Das regelmässige Privattestament kann mündlich und schriftlich errichtet werden. In beiden Fällen setzt die gültige Errichtung die Beobachtung folgender Solennitäten voraus:

1. die Errichtung vor den versammelten sieben *testes rogati et idonei, §. 3 I. de test. (2. 10);*

2. die *unitas actus, l. 21 § 3 D. qui test. fac. (28. 1);*

3. die Versammlung der Zeugen und die *unitas actus* muss während des ganzen Actes der Testamentserrichtung fortdauern. Die Erfordernisse dieses Actes sind beim mündlichen und beim schriftlichen Testament verschieden:

a) beim mündlichen Testament besteht der Act der Errichtung in der vollständigen Erklärung des letzten Willens vor den Zeugen in einer diesen verständlichen Sprache, *§. 14 I. de test. ord. (2. 10);*

b) beim schriftlichen Privattestament besteht der Act der Testamentserrichtung in der Erklärung des Testators, dass die den Zeugen vorgelegte Urkunde seinen letzten Willen enthalte, in der *subscriptio testatoris et testium* inwendig in der Urkunde, und in der *signatio et superscriptio testium* d. i. in der Verschliessung der Urkunde durch die Siegelung der Zeugen und Beifügung ihres Namens bei Siegeln, *c. 21. 28. C. de test. (6. 23).*

B. Die unregelmässigen Privattestamente sind diejenigen, deren gültige Errichtung entweder mehr oder weniger Solennitäten fordert als das regelmässige Privattestament. Im letzten Falle heissen sie privilegirte Testamente. Zu diesen gehört z. B. das *testamentum militis,* welches im Felde errichtet wird: dies fordert gar keine Solennitäten, sondern nur Gewissheit des Willens;

zu ihnen gehört ferner z. B. das *testamentum tempore pestis conditum:* dies kann successive vor den einzelnen sieben Zeugen errichtet werden, *pr. § 4 I. de mil. test. (2. 11), c. 8 C. de testam. (6. 23).* Zu den Testamenten, die mehr Solennitäten fordern, als das regelmässige Testament, gehört z. B. das Testament eines Blinden; hier muss ein Notar oder ein achter Zeuge zugezogen werden, der den letzten Willen in Gegenwart der Zeugen niederschreibt, dem Testator zur Bestätigung vorliest, und dann das Testament mit den Zeugen unterschreibt und signirt, *c. 8 C. qui test. fac. (6. 22);*

II. Oeffentliche Testamente, die unter Mitwirkung der Obrigkeit errichtet sind. Diese ersetzt alle übrigen Solennitäten. Es gab zwei Formen des öffentlichen Testaments: das *testamentum principi oblatum,* welches durch Uebergabe der Testamentsurkunde an den Kaiser errichtet wurde, und das *testamentum apud acta conditum,* bei dem der Act der Testamentserrichtung in der Erklärung des letzten Willens zu gerichtlichem Protocoll bestand, *c. 18. 19 C. de test. (6. 23).*

Dritter Abschnitt. Die Notherbfolge.

§ 171.

I. Das s. g. formelle Notherbenrecht oder das Präteritionssystem.

1. Nach ius civile.

Wenn der Erblasser ein Testament errichtet, so haben nach dem Gesetz der Familienliebe gewisse nahe Angehörige, denen *ab intestato* die Erbschaft deferirt worden wäre, den Anspruch, dass sie im Testament nicht präterirt, nicht übergangen, sondern in angemessener Weise bedacht werden. Ist dies nicht geschehen, so werden sie gegen das Testament zur Erbfolge berufen. Diese Erbfolge heisst Notherbfolge, und die Personen, für die sie eintritt, werden Notherben genannt.

I. Im ältesten römischen Recht gab es keine Rechtsvorschrift, welche dem Testator die Pflicht auferlegt, seine nächsten Familienglieder in seinem Testamente zu bedenken. Nach den XII. Tafeln galt der Satz: *uti legassit suae rei, ita ius esto.* Die Testirfreiheit des Erblassers war unbeschränkt; es gab also kein Notherbenrecht. Dies hatte seinen Grund in der alten Form des Testaments. Das Comitientestament schützte die nächsten Verwandten vor grundloser

Ausschliessung; denn einem pflichtwidrigen Testament versagten die Comitien ihre Zustimmung, *l. 120 D. de V. S. (50. 16).*

II. Mit der Einführung des mündlichen Mancipationstestaments traten an die Stelle des *populus Romanus* fünf Zeugen, vor denen das Testament errichtet wurde. Wenn die Zeugen die Familienverhältnisse des Erblassers kannten und deshalb beurtheilen konnten, ob er ein pflichtwidriges Testament mache, weil er nahe Angehörige präterirte, so verweigerten auch sie ihr Zeugniss, weil sie durch die Mitwirkung bei einem solchen Testament ihren guten Namen in der öffentlichen Meinung gefährdeten. Allein der Testator konnte Zeugen wählen, die seine Familienverhältnisse nicht kannten, und so ohne ihr Wissen die nächsten Familienglieder im Testament übergehen. Deshalb reichte jetzt die Testamentsform nicht mehr zum Schutz der Familienglieder des Erblassers aus; er musste ihr durch Rechtsvorschriften gewährt werden.

III. Das *ius civile* stellte zuerst folgende Vorschrift auf: der Testator soll seine *sui* und *postumi sui* d. i. die Personen, welche seine nächsten Intestaterben sein würden, in seinem Testament nicht präteriren, sondern entweder als *heredes* instituiren oder sie exherediren, *Ulp. frgm. XXII. 14. 15.*

Nach dieser Vorschrift mussten die Zeugen von der Existenz der nächsten Angehörigen Kenntniss erhalten. Das genügte, weil sie jetzt dafür Sorge tragen konnten, dass dieselben auf eine angemessene Quote eingesetzt und nicht ohne Grund exheredirt wurden. Deshalb schrieb das *ius civile* nur vor, dass der Erblasser der nächsten Angehörigen im Testament gedenken, nicht dass er sie bedenken müsse. Die heutige Doctrin nennt demgemäss diese Vorschrift: das Präteritionssystem oder das formelle Notherbenrecht.

Bei demselben kommen drei Punkte in Betracht: die berechtigten Personen, die Pfichten des Testators gegen sie, und die Folgen der Verletzung dieser Pflichten.

1. Die berechtigten Personen sind die *sui* und *postumi sui*. *Postumi sui* sind *sui*, die dies bei Lebzeiten des Erblassers nach der Testamentserrichtung geworden sind, und die dies geworden wären, wenn der Erblasser ihre Geburt noch erlebt hätte, *Ulp. frgm. XXII. 18. 19. XXIII. 3.*

2. Pflichten des Testators: er muss die *sui* und *postumi sui* als Erben *verbis imperativis et solennibus* instituiren (§. 166) oder exhederiren. Der *filius suus*, als das künftige Haupt

der Familie muss *nominatim* d. i. mit individueller Bezeichnung seiner Person exheredirt werden, sonst ist er präterirt: *filius meus exheres esto;* andere *sui* (Töchter und Enkel) können *inter ceteros* exheredirt werden: *Titius heres mihi esto, ceteri exheredes sunto; Gaius II. 123. Ulp. frgm. XXII. §. 20—22.*

3. Folgen der Verletzung dieser Pflichten: ist ein *filius suus* präterirt, so ist das Testament ungültig, es tritt daher Intestaterbfolge ein; ist ein anderer *suus* präterirt, so bleibt das Testament gültig, aber die präterirten *sui* accresciren den Testamentserben, wie wenn sie instituirt wären. Sie erhalten, wenn die Testamentserben auch *sui* sind, eine *portio virilis,* wenn dagegen die Testamentserben *extranei* sind, so bekommen diese die eine Hälfte der Erbschaft, die andere die präterirten *sui; Ulp. frgm. XXII. 16. 17. l. 84 D. de A. v. O. H. (29. 2).*

IV. In ein neues Stadium trat das Präteritionssystem, als das Mancipationstestament ein schriftliches wurde. Mit der Schriftlichkeit, also mit der Heimlichkeit des Testaments, fiel der Einfluss der Zeugen auf den Testator weg und damit der Schutz der Familie durch die Zeugen. Das röm. Recht versuchte jetzt diesen Schutz durch eine Steigerung der Exheredationsformalitäten zu ersetzen: diese sollten auf das Gewissen des Testators wirken, wie früher die Zeugen. Zu diesem Zweck wurden zwei Neuerungen eingeführt:

1. Die Exheredation des *suus* und *postumus suus* soll *ab omnibus coheredibus* und *ab omnibus gradibus* geschehen: d. h. die Enterbung des *suus* muss bei jeder Erbeinsetzung und bei jeder Substitution wiederholt werden, sonst wird die Erbeinsetzung, bei der dies versäumt ist, nichtig. Diese Vorschrift sollte den Testator nöthigen, den *suus,* den er exherediren will, mit jedem Erben zu vergleichen, den er ihm vorziehen will, *l. 3. § 6, l. 8 D. de lib. et post. (28. 2).*

2. Der *sub conditione* instituirte *suus* muss ausdrücklich *sub conditione contraria* exheredirt werden, sonst ist er präterirt. Diese Vorschrift soll dem Testator die Möglichkeit entziehen, die Exheredation unausgesprochen zu lassen und gleichsam in der Erbeinsetzung zu verbergen, um sein Gewissen durch die Form seiner Disposition zu beruhigen, *l. 4. pr. § 2 D. de hered. inst. (28. 5).*

§ 172.

2. Nach ius praetorium: Bonorum possessio contra tabulas.

Der Prätor erweiterte und modificirte das Präteritionssystem des *ius civile* in seinem Edict durch folgende Bestimmungen:

1. Die berechtigten Personen sollen nicht blos die nächsten civilen, sondern auch die nächsten prätorischen Intestaterben sein, also die *liberi* des Erblassers d. i. seine *sui*, seine *postumi sui* und auch die *emancipati*, die seine *sui* sein würden, wenn sie nicht emancipirt wären, *Ulp. frgm. XXVIII. 2—4.*

2. Pflichten des Testators: er soll die *liberi* nicht präteriren, sondern als Erben instituiren oder exherediren, und die Exheredation soll nicht blos bei den *filii*, wie nach *ius civile*, sondern bei allen *liberi* männlichen Geschlechts *nominatim* erfolgen; nur bei *liberi* weiblichen Geschlechts soll die Exheredation *inter ceteros* genügen, *Gaius II. 129. 135. Ulp. frgm. XXII. 23. §. 3. 4 I. de exher. (2. 13).*

3. Folgen der Verletzung: hat der Testator jene Pflichten verletzt, weil er einen *suus* oder *emancipatus* präterirte, so hat dieser die *b. p. contra tabulas* auf seine Intestatportion, und die ihm zustehende Klage ist deshalb die *hereditas petitio possessoria, l. 8 § 14 D. de b. p. c. t. (37. 4), l. 3 § 11 D. eod. l. 2 pr. D. de b. p. s. t (37. 11).* Durch die Ertheilung dieser *b. p.* soll das Testament nicht nichtig, sondern es sollen nur die Erbeinsetzungen, die Vermächtnisse und die Freilassungen, die im Testament angeordnet sind, rescindirt werden; die Vormundsernennungen, die Exheredationen und die Pupillarsubstitutionen sollen als Dispositionen, durch welche dem Notherben nichts entzogen ist, gültig bleiben, *l. 34 § 2 D. de vulg. subst. (28. 6), l. 13 pr. D. de b. p. c. t, (37. 4), l. 1—3, l. 5 § 6, l. 8 § 2, l. 10 § 1 D. de leg. praest. (37. 5).*

Diese Vorschrift gab der Präterition aller *liberi* dieselbe Wirkung, während nach *ius civile* die Präterition eines *filius suus* die Nichtigkeit des Testaments, die Präterition anderer *sui* des Accrescenzrecht bewirkte. Nur die Form der Enterbung soll für männliche und weibliche Kinder nicht dieselbe, sondern für jene eine mehr, für diese eine weniger auf das Gewissen des Testators einwirkende sein. In dieser Bestimmung zeigt sich, dass die Römer zur Zeit, wo der Prätor die *b. p. c. t.* für die *liberi* einführte, noch immer dem männlichen Geschlecht einen Vorrang einräumten. Der Prätor eilte daher seiner Zeit voraus, wenn er demungeachtet der Präterition der Frauen dieselbe Wirkung beilegte, wie der Präterition der Männer. Deshalb blieb seine Vorschrift auch nicht in Geltung. Kaiser Antoninus bestimmte: weibliche *liberi* sollen durch die *b. p. c. t.* nicht mehr erlangen als präterirte *suae* nach dem Accrescenzrecht des *ius civile*, *Gaius II. 124 - 127.*

§ 173.

II. Das s. g. materielle Notherbenrecht oder das Inofficiositätssystem.

1. Nach ius civile.

Der Versuch, nach Einführung des schriftlichen Testaments den früheren Schutz der Familie durch die Zeugen mit einer Steigerung der Exheredationsformalitäten zu ersetzen, musste nothwendig erfolglos bleiben; den einmal zur Enterbung eines nahen Verwandten entschlossenen Erblasser hielten die dazu erforderlichen Formen nicht von derselben zurück.

Die Schriftlichkeit und Heimlichkeit des Testaments machte den bisherigen formellen Schutz der Familie überhaupt unmöglich; sie forderte einen materiellen Schutz durch Rechtsvorschriften, welche dem Testator die Pflicht auflegten, nicht blos seiner nächsten Angehörigen im Testament zu gedenken, sondern sie in angemessener Weise zu bedenken. Und diese Pflicht durfte sich nach dem Gesetz der Familienliebe *(officium pietatis)* nicht auf die *sui* und *postumi sui* des Erblassers und auf seine *emancipati* beschränken, sondern musste auch noch auf andere nahe Angehörige ausgedehnt werden.

Auf Grund dieser Erwägung stellte das *ius civile* neben dem Präteritionssystem oder formellem Notherbenrecht noch folgenden Grundsatz auf:

Der Testator soll gewissen nahen Angehörigen, die ihn *ab intestato* beerbt haben würden, einen bestimmten Theil seines Vermögens, die *portio legitima* oder den s. g. Pflichttheil, in irgend einer Form hinterlassen, sofern sie sich nicht dieses Anspruchs unwürdig gemacht haben; sonst sollen sie gegen das Testament, weil es ein *testamentum inofficiosum* ist, zur Intestaterbfolge berufen werden und zur Verfolgung dieses Intestaterbrechts die *querela inofficiosi testamenti* haben, *pr. I. de inoff. test. (2. 18).*

Diese Vorschrift nennt man das materielle Notherbenrecht oder das Inofficiositätssystem oder das Pflichttheilsrecht. Nach ihm sind:

1. Die pflichttheilsberechtigten Personen: die Descendenten, die Ascendenten, die vollbürtigen Geschwister und von den halbbürtigen die *consanguinei,* nicht auch die *uterini,* soweit sie *iure civili* oder *iure praetorio* den Erblasser *ab intestato* beerbt haben würden; und Geschwister haben das Pflichttheilsrecht nur unter der weiteren Bedingung, dass der ihnen vorgezogene Erbe eine *turpis persona* ist, *§ 1. 2 I. de inoff. test. (2. 18), l. 5, l. 15 pr. D. h. t. (5. 2), c. 21, 27 C. h. t. (3. 28).*

2. Die Pflichten des Testators gegen diese Personen beschränken sich auf die Hinterlassung des Pflichttheils. Der Pflichttheil beträgt ¼ der Intestatportion; er kann in jeder beliebigen Form (Erbeinsetzung, Vermächtniss etc.) hinterlassen werden, aber die Hinterlassung muss *sine gravamine* erfolgen, d. h. ohne jede Verkürzung, daher unbedingt und unbetagt und ohne *modus.* Das *gravamen* machte die Zuwendung nichtig; im Justinianischen Recht gilt es *pro non scripto, § 6 I. h. t. (2. 18), l. 8. § 8 9 D. h. t. (5. 2), c. 32 C. h. t. (3. 28).*

3. Die Folgen der Verletzung dieser Pflichten bestehen darin, dass der Pflichttheilberechtigte, dem die *portio legitima* gar nicht oder nicht vollständig hinterlassen ist, gegen das Testament zur Intestaterbfolge berufen wird und gegen die Testamentserben mit der *querela inofficiosi testamenti* auf seine Intestatportion klagen kann. Um mit dieser Klage zu siegen, muss er sein gutes Betragen gegen den Testator beweisen; dieser Beweis wird entkräftet, wenn der verklagte Testamentserbe einen rechtmässigen Grund für die Ausschliessung des Pflichttheilsberechtigten nachweist. Ueber die Rechtmässigkeit entschied richterliches Ermessen: bestimmte gesetzliche Enterbungsgründe kannte das *ius civile* noch nicht, *l. 3. 5, 19 D. h. t. (5. 2), l. 8 § 10 D. eod. c. 28 C. h. t. (3. 28).* Siegt der Kläger, so wird das Testament bis zum Betrage seiner Erbportion rescindirt, im Uebrigen bleibt es gültig. Die gänzliche Rescission des Testaments setzt voraus, dass der Erblasser alle Pflichttheilsberechtigten von der *portio legitima* ausgeschlossen hat; in diesem Falle geht das Testament mit seinem ganzen Inhalt unter, nicht blos die Erbeinssetzungen, sondern auch die Vermächtnisse, Pupillarsubstitutionen etc., *l. 8 § 16 D. h. t. (5 2). c. 13. 22 C. h. t. (3 28), l. 21 § 2, l. 26 D. h. t. (5. 2), l. 13 D. eod.*

Die Querel verjährt, weil sie eine Anfechtung des Andenkens des Erblassers involvirt, schon in fünf Jahren und beruht auf folgendem Gedanken: wer seine nächsten Angehörigen gar nicht oder in liebloser Weise bedenkt, kann nur in blinder Leidenschaft gehandelt haben; desshalb muss er ihnen gegenüber wie ein *furiosus* behandelt werden, der, weil ihnen gegenüber sein Testament keine Geltung haben kann, ab *intestato* von ihnen beerbt werden muss. Auf diesen *color insaniae* führen die römischen Juristen die Querel zurück, *l. 2. 3. 5. l. 8 § 17 D. h. t. (5. 2).*

§ 174.

2. Nach ius praetorium: bonorum possessio contra tabulas.

Der Prätor erweiterte das Inofficiositätssystem durch ein Pflichttheilsrecht des Patrons gegen das Testament seines *libertus*, und durch ein Pflichttheilsrecht des Vaters gegen das Testament seines *emancipatus*.

I. *B. P. contra tabulas liberti.* Nach *ius civile* brauchte der *libertus* seinen Patron nicht in seinem Testament zu bedenken. Der Prätor gab dem Patron (nicht der *patrona*) das Recht auf die halbe Erbschaft des *libertus*. Ist ihm diese nicht im Testament in irgend einer Form hinterlassen, so hat der Patron die *partis dimidiae b. p. contra tabulas;* wenn der Patron todt ist, nehmen seine Stelle seine männlichen Kinder ein. Die *lex Julia et Papia Poppaea* gab diese b. p. auch den weiblichen Kindern des Patrons, wenn sie das *ius liberorum* haben, und unter derselben Bedingung auch der *patrona* und deren Kindern. Ausgeschlossen ist das Pflichttheilsrecht, wenn der *libertus* von leiblichen Kindern beerbt wird, *Ulp. frgm. XXIX. 1. Gaius III. 40–53. pr. §. 1. 2 I. de succ. lib.* (*3. 7*).

II. *B. P. contra tabulas emancipati.* Dasselbe Pflichttheilsrecht wie dem Patron gab der Prätor dem *parens manumissor* gegen seinen *emancipatus* mit einer Modification: hat der *emancipatus* in seinem Testament *turpes personae* instituirt, so erstreckt sich das Pflichttheilsrecht des *emancipatus* auf die ganze Erbschaft, *l. 1 pr. l. 3 pr. D. si a par.* (*37. 12*), *l. 29 § 3, l. 30 D. de test. mil.* (*29. 1*).

§ 175.

III. Das Justinianische Notherbenrecht.

1. Reformen vor der Nov. 115.

Kaiser Justinian nahm mit dem Notherbenrecht gegen das Testament eines *ingenuus*, bevor er es durch die Nov. 115 ganz neu gestaltete, verschiedene Abänderungen vor, und führte das Notherbenrecht gegen das Testament eines *libertus* auf einfachere Grundlagen zurück.

I. Das Notherbenrecht gegen das Testament eines *ingenuus* reformirte er durch folgende Bestimmungen:

1. In der *c. 30 C. de inoff. test.* (*3. 28*) schrieb er vor: das bisherige Präteritions- und Inofficiositätssystem soll nur Anwendung finden, wenn der Testator seinem Pflichttheilsberechtigten gar nichts hinterlassen hat; hat er ihn dagegen irgend wie bedacht, so soll bei blos unvollständiger Hinterlassung des Pflichttheils das Testament stets gültig bleiben und der Pflichttheilsberechtigte nur eine Klage auf Ergänzung seines Pflichttheils haben. Diese Klage heisst heute *actio suppletoria.* Hiernach wurde durch die *c. 30 cit.* das bisherige Recht in folgender Weise abgeändert: a) nach dem *civilen* und prätorischen Präteritionssystem liegt jetzt eine Präterition nur dann vor, wenn der *suus* oder *emancipatus* weder irgendwie bedacht, noch exheredirt ist; ihre Erbeinsetzung ist nicht mehr erforderlich, um die Präterition auszuschliessen, es genügt die Zuwendung eines Vermächtnisses und jeder anderen Gabe auf den Todesfall; b) nach dem civilen Inofficiositätssystem wird jetzt durch blos unvollständige Hinterlassung des Pflichttheils für den Pflichttheilsberechtigten nicht mehr die *querela inoff. test.* auf seine Intestatportion begründet, sondern nur die *actio suppletoria* auf Ergänzung des Pflichttheils; die Querel setzt voraus, dass dem Pflichttheilsberechtigten nichts hinterlassen ist.

2. In der *c. 3* und *4 C. de lib. praet.* (*6. 28*) bestimmte Justinian: die weiblichen *liberi* müssen wie die männlichen *nominatim* exheredirt werden, sonst sind sie präterirt; die Exheredation braucht aber nicht *verbis imperativis et solennibus*, sondern kann in beliebigen Worten erfolgen. Durch Präterition eines *filius suus* oder einer *filia sua* soll das Testament nichtig werden, alle übrigen *liberi* sollen wegen Präterition nur die *b. p. contra tabulas* mit den obenerwähnten Wirkungen erhalten.

3. In der Nov. 18 *c. 1. 2* erhöhte Justinian den Pflichttheil: wenn die Erbschaft *ab intestato* in vier oder weniger Theile auseinandergehen würde, soll der Pflichttheil 1/3, wenn in mehr Theile 1/2 von der Intestatportion des Pflichttheilsberechtigten betragen.

II. Das Pflichttheilsrecht des *patronus* und der *patrona* gegen das Testament ihres *libertus* oder ihrer *liberta* änderte Justinian dahin ab: wenn der *libertus* oder die *liberta* mehr als 100 *aurei* im Vermögen haben und im Testament keine Kinder instituirt sind, so beträgt der Pflichttheil des Patrons 1/3 der Erbschaft, nicht wie früher 1/2; ist ihm das Drittel nicht hinterlassen, so hat er die *b. p. contra tabulas* auf die *tertia pars*, event. die *actio suppletoria* auf Ergänzung der *tertia pars*, *§ 3 I. de succ. lib. (3. 7), c. 4 C. de bon. lib. (6. 4).*

§ 176.

2. Notherbenrecht der Novelle 115.

Durch die Novelle 115 übertrug Justinian den Begriff der Inofficiosität auf die Form — er forderte für Ascendenten und Descendenten des Erblassers die Ehre der Erbeinsetzung — und brachte unter gänzlicher Aufhebung des Präteritionssystems das Inofficiositätssystem zum Abschluss. Dies System war gegenwärtig allein noch einer weiteren Entwickelung fähig, nachdem mit der Vermögensfähigkeit der Hauskinder für die Ungleichheit zwischen *sui, emancipati* und sonstigen Descendenten jeder innere Grund weggefallen war.

Die Novelle 115 enthält folgende Vorschrift:

Ascendenten sollen ihren Descendenten, und Descendenten ihren Ascendenten, soweit sie von diesen Verwandten *ab intestato* beerbt sein würden, einerseits die Ehre der Erbeinsetzung erweisen, und andererseits die *portio legitima*, den Pflichttheil, hinterlassen, sofern sie sich dieses Anspruchs nicht unwürdig gemacht haben; in diesem Fall soll der Testator sie im Testament exherediren unter Angabe eines gesetzlichen Enterbungsgrundes, der, wenn er bestritten wird, vom Testamentserben bewiesen werden muss. Die Verletzung dieser Vorschrift macht das Testament zu einem *testamentum inofficiosum*.

Hiernach sind:

1. die berechtigten Personen aus der Nov. 115: die Descendenten und Ascendenten des Testators, soweit sie ihn *ab*

intestato beerbt haben würden: denn den übrigen wird durch das Testament, welches sie übergeht, nichts entzogen;

2. die Pflichten des Testators sind Erbeinsetzung dieser Personen und Hinterlassung des Pflichttheils, oder Enterbung, unter Angabe eines gesetzlichen Enterbungsgrundes. Die Zuwendung des Pflichttheils braucht nicht ganz durch die Erbeinsetzung zu geschehen; wenn die Erbschaftsquote, auf welche die Notherben instituirt sind, weniger als die *portio legitima* beträgt, so kann ihm der Rest durch Vermächtniss oder *m. c. donatio* zugewandt werden, aber die Zuwendung muss *sine gravamine* geschehen; das *gravamen* gilt *pro non scripto*;

3. die Folgen der Verletzung dieser Pflichten sind für die Notherben verschieden, wenn sie unter den Erben präterirt oder ohne Angabe eines gesetzlichen Enterbungsgrundes exheredirt sind, und wenn ihnen blos der Pflichttheil nicht vollständig hinterlassen ist. Im ersten Fall haben sie gegen die Testamentserben die *querela inofficiosi testamenti* auf Rescission der Erbeinsetzungen bis zum Betrage ihrer Intestatportion; alle übrigen Dispositionen im Testament, auch die Vermächtnisse bleiben gültig, so weit sie den Pflichttheil nicht verkürzen. Im zweiten Fall haben sie gegen die Testamentserben die *actio suppletoria* auf Ergänzung ihres Pflichttheils.

Das bedingte Pflichttheilsrecht der Geschwister hat die Novelle 115 unverändert stehen lassen (§ 173): sie haben, wenn sie übergangen sind, die *querela inofficiosi testamenti* auf ihre Intestatportion, wenn ihnen der Pflichttheil blos nicht vollständig hinterlassen ist, nur die *actio suppletoria* auf Ergänzung.

§ 177.

IV. Anomale Pflichttheilsrechte.

Das regelmässige Pflichttheilsrecht ist durch zwei Voraussetzungen bedingt: 1. durch ein Intestaterbrecht des Pflichttheilsberechtigten, falls der Erblasser ohne Testament gestorben wäre; 2. durch ein Testament, in welchem der Erblasser den Pflichttheilsberechtigten nicht in der vorgeschriebenen Weise bedacht oder enterbt hat.

Es giebt zwei Pflichttheilsrechte, die von diesen beiden Voraussetzungen unabhängig und desshalb *anomale* sind:

I. Das Recht des *arrogatus impubes* auf die s. g. *Quarta divi Pii.* Nach einer Verordnung von Antoninus Pius soll der *arrogatus impubes* den Anspruch auf den vierten Theil der reinen Activa vom Nachlass des *pater arrogator* haben und ihm diese Quart weder durch Exheredation noch durch willkürliche Emancipation entzogen werden können, sondern nur durch eine Emancipation, die *causa cognita et probata* erfolgt ist. Der Anspruch erlischt erst mit erlangter Mündigkeit. Mit ihr fällt die Gefahr weg, in welcher der Anspruch seinen Grund hat. Es bestand die Gefahr, dass der *arrogator* den *impubes* nur zu egoistischen Zwecken arrogirte und ihn, wenn er diese erreicht, wieder emancipirte, oder ihn, falls er dazu seine Einwilligung verweigerte, zu einem pflichtwidrigen Betragen hinriss, wie es bei dem jugendlichen Alter des *impubes* leicht war: im ersten Fall verlor er sein Intestaterbrecht gegen den *pater arrogator* und damit das regelmässige Pflichttheilsrecht, im zweiten Fall konnte ihn der *pater arrogator* exherediren. Desshalb führte Antoninus Pius für den *arrogatus impubes* ein Pflichttheilsrecht ein, welches von den beiden regelmässigen Voraussetzungen unabhängig war, *Gaius I. 102. Ulp. frgm. VIII. 5. § 3. I. de adopt. (1. 11). c. 2 C. de adopt. (8. 48).*

II. Das Recht der armen Wittwe. Nach Nov. 53 c. 6 soll eine Wittwe, die keine *dos* hat und arm ist d. h. nicht ohne Unterstützung leben kann, Anspruch auf den vierten Theil der reinen Activa von der Erbschaft ihres Mannes haben, wenn er in guten Vermögensverhältnissen gestorben ist, gleichviel ob er ein Testament hinterlässt oder nicht; dieser Anspruch soll ihr auch nicht durch Exheredation entzogen werden können. In der Nov. 117 c. 5 modificirte Justinian dieses Pflichttheilsrecht in folgender Weise: wenn die Wittwe mit mehr als drei Kindern zusammenberufen wird, soll sie nur eine *portio virilis*, und wenn sie mit Kindern aus ihrer Ehe mit dem Erblasser zusammenberufen wird, soll sie an der Quart wie an der *portio virilis* nur den *ususfructus* erhalten.

DRITTES KAPITEL.

DER ERWERB DER ERBSCHAFT.

§ 178.

I. Art des Erwerbes.

I. Nach *ius civile* kann eine Erbschaft in dreifacher Weise erworben werden: *necessitate*, *voluntate* und durch *usucapio pro herede*:

1. *Necessitate* erwirbt sie der *heres suus et necessarius* und der *heres necessarius*; vgl. oben § 155 S. 5.

2. *Voluntate* d. i. durch Antrittserklärung erwirbt sie der *heres voluntarius* oder *extraneus* (§. 155 S. 6). Die Gültigkeit der Erklärung setzt voraus, dass der Erbe dispositionsfähig ist, weil er in die Erbschaftsschulden succedirt; ein *impubes* kann daher nur *auctoritate tutoris* gültig antreten. Eine Form ist für die Erklärung des Antritts nicht vorgeschrieben, deshalb kann er nicht blos ausdrücklich, sondern auch stillschweigend d. i. durch concludente Handlungen erklärt werden, z. B. durch Bezahlung von Erbschaftsschulden, *l 8 pr. l 20 pr. D. h. t. (29. 2), § 7. I. de her. qual. (2. 19.)* In einer solennen Form und in einer bestimmten Frist musste die Antrittserklärung nur erfolgen, wenn der Erblasser dies in seinem Testament angeordnet hatte. Diese solenne Antrittserklärung hiess *cretio* von *cernere* = *decernere* d. i. sich über Antritt oder Repudiation der Erbschaft entscheiden. Die Cretionsfrist betrug gewöhnlich 100 Tage von der Kenntniss der Berufung an: lief sie ohne Antrittserklärung ab, so wurde der Erbe von der Erbschaft ausgeschlossen; durch *pro herede gestio* konnte die solenne Antrittserklärung nicht ersetzt werden, *Gaius II. 164 - 166.* Ueber die *cretio vulgaris, continua, perfecta* und *imperfecta* vgl. *Ulp. fr. XXII. 30—32. 34.* Für den *sine cretione* berufenen Erben gab es keine Ueberlegungsfrist *(spatium deliberandi)* für die Entscheidung über den Antritt; er konnte deliberiren so lange er wollte, *Gaius II. 167.* Eine Constitution von *Arcadius* und *Honorius* hob die *cretio* auf, *c. 17 C. de iure delib. (6. 30).*

3. *Usucapione*; vgl. oben § 158 S. 10.

II. Durch das *ius praetorium* wurden folgende Vorschriften eingeführt:

1. Der *heres suus et necessarius* hat das *beneficium abstinendi,*

vgl. § 155 S. 6. Dies *beneficium* verliert er aber durch *immixtio* d. i. wenn er sich durch Einmischung in die Erbschaft als Erbe gerirt, *c. 1. 2 C. de rep. v. abst. hered. (6. 31).*

2. Die Agnition der *b. possessio* muss durch Erklärung vor dem Magistrat und innerhalb der Agnitionsfristen erfolgen, vgl. §. 158 S. 14.

3. Der Prätor gab den Erbschaftsgläubigern, deren Befriedigung durch Verzögerung des Erbschaftsantritts hinausgeschoben wird, das Recht, durch eine *interrogatio in iure* eine Entscheidung vom berufenen Erben über den Antritt zu fordern. Auf diese *interrogatio* konnte der Erbe sich vom Prätor ein *spatium deliberandi* unter dem Präjudiz der Repudiation erbitten; die Deliberationsfrist betrug gewöhnlich 100 Tage, konnte aber verlängert werden, *l. 5, l. 6 pr. D. de interr. (11. 1), l. 1. § 1. 2, l. 2 D. de iure delib. (28. 8).*

III. Nach Justinianischem Rechte gelten für den Erwerb der Erbschaft die Grundsätze des *ius civile* mit zwei Modificationen:

1. Auf die einzelnen prätorischen Erbrechte *(bonorum possessiones),* die im Justinianischen Recht stehen geblieben sind, kommen die Grundsätze über die *agnitio bonorum possessionis* zur Anwendung, z. B. bei der *b. p. unde vir et uxor.*

2. Die Erbschaftsgläubiger haben das Recht, vom berufenen Erben eine Entscheidung über den Antritt zu fordern auf Grund des *ius praetorium,* welches Justinian dahin abänderte: dem berufenen Erben kann auf sein Gesuch ein *spatium deliberandi* vom Richter auf 9 Monate, vom Kaiser auf ein Jahr ertheilt werden, aber nur einmal und nur unter dem Präjudiz des Antritts, damit die Gläubiger, wenn die Frist ohne Erklärung abläuft, in dem Erben einen Schuldner haben, von dem sie ihre Befriedigung fordern können, *c. 22 C. de iure delib. (6. 30).*

§ 179.

II. Fähigkeit. Capacität.

I. Die Fähigkeit, die Erbschaft zu erwerben, setzt Erbfähigkeit voraus. Den Personen, welchen die *testamenti factio passiva* d. i. die testamentarische Erbfähigkeit fehlt, fehlt auch die Fähigkeit zur Intestaterbfolge, vgl. § 165.

II. Die Fähigkeit, die Erbschaft oder ein Legat *ex testamento* zu erwerben, setzt neben der *testamenti factio passiva* auch *capacitas* voraus. Es giebt Personen, die in einem Testament als Erben oder Legatare eingesetzt werden können, die aber beim Tode des Erblassers, wenn nicht seit der Testamentserrichtung das Hinderniss weggefallen ist, das ihnen Hinterlassene nicht erwerben *(capere)* können. Diese Personen heissen *incapaces* und waren:

I. Im vorjustinianischen Recht:

1. die *Latini* und die *Latini Iuniani:* sie sind *in solidum incapaces,* wenn sie nicht innerhalb 100 Tagen seit ihrer Berufung die Civität erwerben, *Gaius I. 23. 24. Ulp. fr. XXII. 3. 8;*

2. die *caelibes* und die *orbi* nach der *lex Julia et Papia Poppaea:* jene sind *in solidum incapaces,* wenn sie nicht innerhalb 100 Tagen heirathen, diese *in dimidiam partem, Gaius II. 286. 286ª. Ulp. frgm. XVII. 1.* Constantin's Söhne hoben diese Strafen des Cölibats und der Kinderlosigkeit auf, *c. 1 C. de inf. poen. coelib. (8. 58).*

B. Im Justinianischen Recht gibt es nur noch zwei Fälle der theilweisen Incapacität:

1. Wer eheliche Descendenten hinterlässt, kann seinen *liberi naturales* und der Concubine zusammen nicht mehr als 1/12, der Concubine allein nicht mehr als 1/24 hinterlassen; das plus fällt an die ehelichen Kinder, Nov. 89 c. 12.

2. Wer Kinder erster Ehe hinterlässt, kann dem zweiten Ehegatten nicht mehr hinterlassen als dem geringstbedachten Kinde erster Ehe; auf das plus ist der zweite Ehegatte *incapax*, es fällt den Kindern erster Ehe zu, Nov. 22. c. 27.

§ 180.

III. Wirkungen.

An den Erwerb der Erbschaft knüpfen sich folgende rechtliche Wirkungen:

I. Die Universalsuccession des Erben in die Erbschaft. Durch sie wird die Erbschaft und das Vermögen des Erben Ein Vermögen. Daher haften für die Erbschaftsschulden auch die Activa des Erben, und umgekehrt für die Schulden des Erben auch die Activa der Erbschaft, *l. 37. D. h. t. (29. 2.) l. 119 D. de V. S. (50. 16).* Diese Wirkung der Universalsuccession kann aber durch zwei Beneficien ausgeschlossen werden: durch das s. g. *beneficium inventarii* und durch das s. g. *beneficium separationis.*

1. Das s. g. *beneficium inventarii* führte Justinian durch folgende Vorschrift ein: wenn der berufene Erbe, ohne sich eine Deliberationsfrist zu erbitten, antritt und innerhalb 30 Tagen seit Kenntniss der Delation ein Inventar über die Erbschaft beginnt, so soll er, falls er dasselbe in weiteren 60 Tagen vollendet, für die Erbschaftsschulden nicht mit seinem eigenen Vermögen, sondern nur bis zum Betrage der erbschaftlichen Activa haften, *c. 22 C. de iure delib. (6. 30)*

2. Das s. g. *beneficium separationis* beruht auf folgender Vorschrift, die schon dem vorjustinianischen Rechte angehört: wenn die Erbschaftsgläubiger das eigene Vermögen des Erben für insolvent halten und desshalb die ihnen nachtheilige Befriedigung seiner eigenen Gläubiger aus der Erbschaft auszuschliessen wünschen, so können sie vom Richter die *separatio bonorum* d. i. die Trennung der Erbschaft vom eigenen Vermögen des Erben fordern, mit der Wirkung, dass die Erbschaft zunächst ausschliesslich zu ihrer Befriedigung dient, und nur der Rest von den eigenen Gläubigern des Erben in Anspruch genommen werden kann, *l. 1 § 1. 2. 10. 12. 14 D. de separat. (42. 6)*.

II. Wenn der Erblasser von mehreren Erben *(coheredes)* beerbt wird, so entsteht unter ihnen durch den Erwerb der Erbschaft, weil jeder *coheres* zu einer Quote in die Erbschaft succedirt, eine *communio hereditatis.* Jede *communio* erzeugt eine *obligatio quasi ex contractu* auf Aufhebung der Gemeinschaft durch Theilung. Die Klage, die jeder *coheres* aus dieser Obligation auf Erbtheilung anstellen kann, heist *actio familiae herciscundae,* Erbtheilungsklage, *l. 1 pr. l. 3 D. fam. herc. (10. 2), c. 6 C. eod. (3. 36)*.

III. Wenn von mehreren *ex testamento* oder *ab intestato* berufenen Erben einer oder der andere seine Erbportion nicht erwirbt, sei es wegen Erbunfähigkeit, oder weil die Bedingung für seine Erbeinsetzung deficirt ist, oder weil er vor dem Antritt stirbt, oder weil er repudiirt, so tritt das s. g. Accrescenz- oder Anwachsungsrecht *(ius accrescendi)* ein d. h. die vacante Erbportion wächst den übrigen Miterben, die ihre Erbportionen erworben haben, *ipso iure* und *necessitate* nach Verhältniss ihrer Erbportionen zu; sie können ihren Antheil nicht repudiiren, weil sonst über die vacante Erbportion der Concurs zum Nachtheil der Erbschaftsgläubiger eröffnet werden müsste, *l. 53 § 1 D. h. t. (29. 2), l. 9 D. de suis (38. 16.)*.

Ueber das Recht der Caducität nach der *lex Julia et Papia Poppaea*, welches Justinian aufhob, vgl. Puchta, Cursus der Instit. § 326.

IV. Wenn der Erblasser den Erben Vermächtnisse auferlegt hat, so werden sie durch den Erwerb der Erbschaft *quasi ex contractu* obligirt, diese Vermächtnisse an den Honorirten zu leisten, vgl. § 184.

§ 181.

IV. Erwerb durch einen Anderen als den Delaten.

I. Der *heres voluntarius* kann, wenn er *ab intestato* zur Erbschaft berufen ist, nach *ius civile* durch eine *in iure cessio* seine Delation auf eine andere Person übertragen und dadurch diese zum Delaten machen. Das Intestaterbrecht ist daher ein veräusserliches Recht. Dagegen der *ex testamento* berufene *heres voluntarius* kann seine Delation nicht durch *in iure cessio* übertragen; hier ist sie nichtig. Das testamentarische Erbrecht ist unveräusserlich, weil der Testator durch das Testament seine Intestaterben nicht absolut, sondern nur unter der Bedingung ausschliessen will, dass die Testamentserben die Erbschaft erwerben, *Gaius II. 34–37. III. 85. 86.*

II. Wenn der *heres voluntarius* während der Delation stirbt, so geht die Delation nicht auf seine Erben über, sondern unter. Das Erbrecht ist ein unvererbliches Recht: *hereditas nondum adita non transmittitur ad heredes heredis, c. un. § 5 C. de cad. toll. (6. 51)*. Das spätere röm. Recht lies *iure singulari* in einzelnen Fällen, wo es die Billigkeit fordert, eine Transmission der Delation auf die Erben des Delaten zu. Diese Fälle nennt man die Transmissionsfälle, vgl. Puchta a. a. O. § 313.

VIERTES KAPITEL

DER SCHUTZ DES ERBRECHTS.

§ 182.

I. Hereditatis petitio.

Nach *ius civile* hat der Erbe zu seinem Schutz:

1. die s. g. Singularklagen *(singularum rerum petitiones)* aus den einzelnen Erbschaftsrechten (Eigenthum, *iura in re*, For-

derungen) wenn sie von einer Person verletzt werden, die kein Erbrecht für sich in Anspruch nimmt, sondern nur dem Kläger das Erbrecht bestreitet oder behauptet, dass die eingeklagten Sachen nicht zur Erbschaft gehören; hier muss der Erbe, um zu siegen, beweisen, 1. dass sein Erblasser das eingeklagte Recht erworben hat, und 2. sein Erbrecht, durch welches das eingeklagte Recht auf ihn übergegangen ist, *c. 4 C. in quib. c. cessat. (7. 34)*;

2. die s. g. Universalklage d. i. die *hereditatis petitio* aus dem Erbrecht, wenn Jemand dem Erben etwas zur Erbschaft Gehöriges vorenthält, weil er selbst *bona* oder *mala fide* das Erbrecht für sich in Anspruch nimmt, also wenn ihm ein Erbprätendent gegenübersteht, der Erbschaftgegenstände entweder *pro herede* oder *pro possessore* d. i. als *praedo* besitzt; hier hat der Erbe, um zu siegen, nur sein Erbrecht zu beweisen; dann muss ihm der Verklagte Alles herausgeben, was er aus dem Nachlass hat, und nach dem *S. C. Iuventianum* auch jeden Gewinn, den er durch den Besitz der Erbschaft gemacht hat, z. B. das pretium für verkaufte Erbschaftssachen, *l. 9, l. 10, l. 11—13 D. de H. P.* (*5. 3*), *l. 20 pr. § 6. 17, l. 28 D. eod.*

Als *actio utilis* steht die *hereditatis petitio* auch dem *heres fideicommissarius* (*D. 5. 6.*) und dem Fiskus als Universalsuccessor in die *bona vacantia* zu (§ 193).

§ 183.

II. Interdictum quorum bonorum.

Der *bonorum possessor* hatte ursprünglich zu seinem Schutz nur ein *interdictum adipiscendae possessionis* gegen den, der Erbschaftssachen *pro herede* oder *pro possessore* besass: das *interdictum quorum bonorum, l. 1 pr. D. h. t.* (*43. 2.*), *Gaius IV. 144.* Später als die *bonorum possessio* ein prätorisches Erbrecht wurde, dienten auch zu ihrem Schutz die Singularklagen aus den einzelnen Erbschaftsrechten als *actiones fictitiae* und die *hereditatis petitio possessoria* als Universalklage, *l. 2 D. h. t.* (*5. 5*); vgl. § 158 S. 12. 16.

FÜNFTES KAPITEL.

DIE VERMÄCHTNISSE UND MORTIS CAUSA CAPIONES.

§ 184.

I. Singularvermächtniss.

1. Begriff.

Ein Singularvermächtniss ist die einseitige letztwillige Disposition, durch welche der Erblasser seinem Erben oder einer anderen von ihm bedachten Person die Auflage macht, ein einzelnes oder mehrere einzelne Vermögensstücke an einen Dritten zu leisten, nachdem sie das ihr Hinterlassene erworben hat, *l. 116 pr. D. de legat. (30.)*; vgl. § 154 S. 3.

Zur Errichtung eines Vermächtnisses gehören daher drei Personen: ein Erblasser, der es anordnet, d. i. der Vermächtnissgeber, ein Onerirter, der mit dem Vermächtniss belastet ist, weil er es leisten soll, d. i. der Vermächtnissträger, und ein Honorirter, dem es zugewandt ist, d. i. der Vermächtnissnehmer.

Gegenstand eines Vermächtnisses kann Alles sein, was Gegenstand einer Obligation sein kann: denn die Anordnung eines Vermächtnisses erzeugt eine *obligatio quasi ex contractu*, aus welchem der Honorirte eine Forderung gegen den Onerirten auf Leistung des vermachten Gegenstandes erwirbt. Die Klage aus dieser Obligation heisst *actio legatorum* oder *actio ex testamento.* Ob der Honorirte daneben noch andere Klagen erwirbt, hängt von der Verschiedenheit des Gegenstandes des Vermächtnisses und ursprünglich auch von der Form seiner Anordnung ab (§ 185. 186).

Im vorjustinianischen Recht gab es für die Errichtung des Vermächtnisses zwei Formen: die Form des *ius civile* und des *ius gentium.* Danach wurden zwei Arten des Vermächtnisses unterschieden: das *legatum* und das *fideicommissum.*

§ 185.

2. Arten.

A. Legata.

Ein *legatum* ist das civile *verbis imperativis et solennibus* angeordnete Vermächtniss, *Ulp. fr. XXIV. 1.*

Zu seiner gültigen Errichtung gehörten drei Erfordernisse: 1. der Onerirte muss ein Testamentserbe sein; deshalb kann ursprünglich ein *legatum* nur im Testament und nach dem *ordo scripturae* erst nach den Erbeinsetzungen errichtet werden; das spätere Recht gestattet die Errichtung im confirmirten Codizill; 2. der Honorirte muss *testamenti factio passiva* haben und eine *persona certa* sein (§ 165), *Ulp. frgm. XXIV. 15. 18. 20. 21. Gaius II. 270. 270a. § 24. 33. I. de leg. (2. 20)*; 3. die Errichtung in der gesetzlichen Form: nach der verschiedenen Wirkung, welche das Legat nach der Intention des Erblassers haben sollte, gab es für seine Errichtung vier verschiedene Formen:

a. das *legatum per vindicationem* mit der Formel: *hanc rem do lego.* Dies ist die Form für das Eigenthumsvermächtniss, aus welchem das Eigenthum an der vermachten Sache direct auf den Legatar übergehen soll, sobald er die Annahme des Vermächtnisses erklärt. Hier kann er desshalb, statt mit der *actio legatorum* gegen den Onerirten auf Tradition, sofort mit der *rei vindicatio* gegen jeden Besitzer der Sache klagen. Die gültige Errichtung dieses Vermächtnisses setzte voraus, dass der Erblasser an vermachten *res non fungibiles* zur Zeit der Testamentserrichtung und zur Todeszeit, an vermachten *res fungibiles* zur Todeszeit das quiritarische Eigenthum hatte, *Ulp. fragm. XXIV. 3. 7. Gaius II. 194;*

b. das *legatum per damnationem* mit der Formel: *heres meus damnas esto, hanc rem Titio dare,* oder *heres meus facito.* Aus diesem Vermächtniss soll der Legatar nur eine Obligation gegen den Erben erwerben auf ein *dare* durch *mancipatio* oder *in iure cessio,* oder auf ein *facere:* er ist daher auf die *actio legatorum* beschränkt. Gegenstand dieses Legates können auch fremde Sachen und Summen sein, weil sie Gegenstand einer Obligation sein können, *Ulp. frgm. XXIV. 4. 8. Gaius II. 201. 204;*

c. das *legatum sinendi modo* mit der Formel: *heres meus damnas esto, sinere Titium hanc rem sumere sibique habere.* Dieses Vermächtniss soll den Erben verpflichten, dem Legatar die Wegnahme der vermachten Sache zu gestatten, nicht zum *dare,* begründet also auch nur die *actio legatorum.* Seine Gültigkeit setzt voraus, dass die legirte Sache dem Erblasser oder seinem Erben gehört, *Ulp. frgm. XXIV. 5. 10. Gaius II. 209–215;*

d. das *legatum per praeceptionem* mit der Formel: *Titius hanc rem praecipito.* Dies ist ein Vermächtniss an einen Erben, durch welches ihm ein *praecipuum* vor seinen Miterben zugewandt wird; die Klage aus diesem Vermächtniss ist die *actio familiae herciscundae*. Seine Gültigkeit setzt voraus, dass der Honorirte ein Erbe des Testators ist; das *legatum per praeceptionem* an einen *extraneus* ist ungültig. Die Natur dieses Vermächtnisses war aber unter den beiden juristischen Schulen, den Proculianern und Sabinianern, bestritten, vgl. *Gaius II. 216. 217. 221.*

Ursprünglich war das *legatum*, welches als Vindicationsoder Präceptionslegat, oder *sinendi modo* errichtet war, ungültig, wenn es an den Erfordernissen dieser Formen fehlte. Ein *S. C. Neronianum* bestimmte: jedes Legat, welches als Damnationslegat bestehen kann, soll als solches aufrecht erhalten werden, gleichviel in welcher Form es errichtet ist, *Ulp. fragm. XXIV. 11a. Gaius II. 197.*

§ 186.

B. Fideicommissa.

Die gesetzlichen Beschränkungen, nach welchen *legata* nur einem Testamentserben auferlegt und nur im Testament oder confirmirtem Codizill errichtet werden konnten, führte zu einer ganz formlosen Anordnung von Vermächtnissen: der Erblasser bat seinen Erben oder eine andere von ihm bedachte Person, einem Dritten ein Vermächtniss zu leisten. Ursprünglich erzeugte diese Anordnung keine Forderung des Honorirten gegen den Onerirten. Der Erblasser vertraute der Treue des letzteren: *fidei committit*. Darnach wurde das formlos angeordnete Vermächtniss *fideicommissum*, der Onerirte *fiduciarius* und der Honorirte *fideicommissarius* genannt. Kaiser Augustus machte das *fideicommissum* klagbar: es soll eine *obligatio quasi ex contractu* begründen, aus welcher der Honorirte die *petitio fideicommissi* gegen den Onerirten hat, *§ 1. 12 I. de fid. her. (2. 23).*

Ein *fideicommissum* ist also das formlos, nicht *verbis imperativis*, sondern *verbis precativis* angeordnete Vermächtniss; z. B. *peto dari, Ulp. frgm. XXV. 1. 2. 3. 9. 11.*

1. Bei der Errichtung eines Fideicommisses kann: 1. der Onerirte jeder sein, der etwas vom Erblasser erhält: der Intestatwie der Testamentserbe, der Legatar wie der Fideicommissar selbst; 2. der Honorirte muss *testamenti factio passiva,* und der Erblasser Testirfähigkeit haben, *Ulp. frgm. XXV. 4. 6. 7. Gaius II.* 271; 3. die Anordnung des Fideicommisses kann in jeder be-

liebigen Form erfolgen: es kann mündlich oder schriftlich durch einen Brief (*codicilli*) und in beliebigen Worten dem Onerirten auferlegt werden, *Ulp. XXV. 8. 9; pr. I. de codic.* (*2. 25*).

§ 187.

3. Verschmelzung der legata und fideicommissa.

Nachdem die Errichtung der *legata*, statt im Testament, auch im confirmirten Codizill zugelassen und durch das S. C. Neronianum bei einer Verletzung der Formvorschriften die Aufrechterhaltung des Legates als Damnationslegat angeordnet war, wurde unter Constantin auch das Erforderniss der *verba imperativa et solennia* aufgehoben: er bestimmte, ein *legatum* solle wie ein *fideicommissum* in beliebigen Worten errichtet werden können, *c. 21 C. de legat. (6. 37)*. Seitdem bestand praktisch der Unterschied zwischen *legata* und *fideicommissa* darin: *legata* waren die einem Testamentserben, *fideicommissa* die einem Legatar oder Fideicommissar auferlegten Vermächtnisse. Kaiser Justinian hob den Unterschied zwischen ihnen ganz auf, so dass es im neuesten röm. Recht nur Ein Vermächtniss giebt, welches bald *legatum*, bald *fideicommissum* genannt wird. Er bestimmte, die der Aufrechterhaltung des *fideicommissum* günstigeren Rechtssätze sollen auch für das *legatum*, und die günstigeren Rechtssätze des *legatum* auch für das *fideicommissum* Geltung haben, *§ 3 I. de leg. (2. 20)*. Damit wurde aber die ursprüngliche formlose Errichtung der Fideicommisse nicht adoptirt, weil schon seit Theodosius II. die *codicilli* solenne Geschäfte geworden waren, deren Gültigkeit die mündliche oder schriftliche Errichtung des Vermächtnisses vor fünf Zeugen fordert, *c. 8 § 3 C. de cod.* (*6. 36*). Nur in Gestalt eines formlosen Auftrags an den Onerirten liess Justinian unter gewissen Bedingungen die Anordnung eines Vermächtnisses zu. Nach Justinianischem Recht sind demgemäss die Rechtsgeschäfte, in welchem ein Vermächtniss errichtet werden kann:

1. das Testament;
2. das Codizill; dies kann

a) ein mündliches oder ein schriftliches sein; beide fordern dieselben Solennitäten wie das Testament mit zwei Modificationen: es genügt für beide die Zuziehung von fünf Zeugen, und beim schriftlichen Codizill genügt die *subscriptio testium*, die *signatio testium* ist nicht erforderlich, *c. 28 § 1 C. de test. (6. 23)*;

b) ein Intestatcodizill (*codicilli ab intestato*) oder ein testamentarisches Codizill (*codicilli testamentarii*), je nachdem der Erblasser neben dem Codizill noch ein Testament errichtet hat oder nicht;

c) die *codicilli testamentarii* können *codicilli testamento confirmati* oder *non confirmati* sein, je nachdem der Erblasser in seinem Testament auf das Codizill verwiesen hat oder nicht;

d) die confirmirten Codizille könenn *codicilli in praeteritum* und in *futurum confirmati* sein, je nachdem der Testator in seinem Testament auf ein bereits errichtetes oder auf ein künftig zu errichtendes Codizill verweist, *l. 9 pr. D. de iure cod. (29. 7)*. In einem confirmirten Codizill können alle letztwilligen Dispositionen gemacht werden mit Ausnahme der Erbeinsetzungen und Enterbungen, welche die Testamentsform fordern, z. B. Vormundsernennungen, im nicht confirmirten nur Vermächtnisse;

3. das s. g. *fideicommissum orale*; dies beruht auf folgender Verordnung Justinians: wenn Jemand behauptet, dass ihm durch einen Auftrag des Erblassers an den Onerirten ein Vermächtniss hinterlassen sei, so soll er dasselbe, statt durch Testament oder Codizill, durch Eidesdelation beweisen können, falls er selbst das *iuramentum calumniae* schwört: lehnt der Onerirte den Eid ab, so muss er das Vermächtniss leisten, *§ 12 I. de fideic. hered.* (2. 23).

§ 188.

4. Beschränkung.

Nach den XX Tafeln konnte der Erblasser seinem Erben so viele und so grosse Legate auferlegen, als er wollte. Dies hatte häufig die Folge, dass der Erbe wegen Ueberbürdung mit Legaten die Erbschaft repudiirte und dadurch den Untergang des Testamentes herbeiführte. Es lag deshalb im eigenen Interesse des Testators, die Grösse der Legate gesetzlich zu beschränken. Zuerst geschah dies durch die *lex Furia* (*571 a. u. c.*) und später durch die *lex Voconia* (*585 a. u. c.*), aber in unzweckmässiger Weise, vgl. *Gaius II. 224—226*. Eine angemessene Vorschrift stellte erst die *lex Falcidia* (*714 a. u. c.*)

auf. Sie bestimmte: der Erblasser soll seinem Erben ¼ seiner Erbportion nach Abzug der Erbschaftsschulden frei von Vermächtnissen lassen (Quarta Falcidia); hat er ihm mehr als ¾ seiner Erbportion durch Anordnung von Vermächtnissen entzogen, so soll der Erbe von jedem Legat einen verhältnissmässigen Abzug machen können, damit er die Quart behält, *Gaius II. 227, § 3. I. h. t. (2. 22)*. Ursprünglich galt die *lex Falcidia* nur für *legata*, später wurde sie durch das *S. C. Pegasianum (175 p. Chr.)* auch auf die *fideicommissa* und schliesslich auf alle Zuwendungen *mortis causa* ausgedehnt, *Gaius II. 254*. Aber auch im Justinianischen Recht steht der Anspruch auf den Abzug der *Quarta Falcidia* nur dem Erben zu, nicht einem Vermächtnissnehmer, dem wieder Vermächtnisse auferlegt sind, *l. 47 § 1 D. ad leg. Falc. (35. 2)*.

§ 189.

5. Erwerb und Schutz.

I. Das Vermächtniss begründet beim Tode des Erblassers eine *obligatio quasi et contractu* zwischen dem Onerirten und dem Honorirten. Den Inhalt dieser Obligation bildet eine Forderung des Honorirten auf Leistung des vermachten Gegenstandes. Diese Forderung erwirbt er beim Tode des Erblassers unter der Bedingung, dass die Erbschaft einen Erben erhält (*si heres erit*): denn wenn der Concurs über die Erbschaft eröffnet wird, weil sie keinen Erben erhält, sind die angeordneten Vermächtnisse ungültig (*§ 154 S. 4*). Diese bedingte Forderung ist aber vererblich: wenn der Legatar vor dem Erbschaftsantritt stirbt, geht das Vermächtniss auf seine Erben über. Den Zeitpunkt, mit welchem die Vererblichkeit des Vermächtnisses eintritt, bezeichnet das röm. Recht durch den Ausdruck: *dies legati cedit*. Wenn das Vermächtniss *pure* oder unter einem *dies a quo* hinterlassen ist, ist dieser Zeitpunkt der Tod des Erblassers, wenn *sub conditione*, der Zeitpunkt, wo sich die Bedingung erfüllt, *Ulp. frgm. XXIV. 31. l. 5 pr. § 1, l. 7 pr. § 6 D. quando dies leg. (36. 2)*.

Ist der Erbschaftsantritt erfolgt, so erhält der Legatar bei unbedingten und unbetagten Vermächtnissen in diesem Moment die Wahl, ob er das Vermächtniss agnosciren oder repudiiren und damit, ob er die Forderung gegen den Onerirten geltend machen oder aufgeben will; bei bedingten und betagten Legaten hat er diese Wahl erst mit dem Eintritt der *conditio* oder des *dies*, wenn dieser zur Zeit des Erbschaftsantrittes noch nicht erfolgt ist. Den Zeitpunkt, wo der Legatar dieses Wahlrecht erhält, bezeichnet das röm. Recht durch den Ausdruck: *dies legati venit*, *l. 21 pr. D. quando dies leg. (36. 2).*

II. Bilden den Gegenstand des Vermächtnisses fremde Sachen oder Summen, so hat der Honorirte zu seinem Schutz nur die *actio in personam* aus der *obligatio quasi ex contractu*: die *actio legatorum* oder *ex testamento*. Sind ihm dagegen das Eigenthum oder *iura in re* an Sachen des Erblassers vermacht worden, so gehen diese Rechte durch die Agnition des Vermächtnisses direct auf ihn über; deshalb hat er hier die Wahl, ob er mit der *actio in rem* aus diesen Rechten, oder mit der *actio in personam* gegen den Onerirten klagen will, *Gaius II. 195. 204. l. 64 i. f. D. de furt. (47. 2). c. 1. C. comm. de leg. (6. 43).*

§ 190.

6. Ungültigkeit.

Ein Vermächtniss kann:

a) *ab initio* ungültig sein, weil es an den subjectiven oder objectiven Erfordernissen seiner Errichtung fehlt, vgl. § 185—187; es kann aber auch:

b) *ex post* ungültig werden und zwar:

1. durch nachträgliche Ungültigkeit des Errichtungsgeschäftes, des Testaments oder Codicills, in welchem es angeordnet ist;

2. durch *ademtio legati* d. i. durch formlosen ausdrücklichen oder stillschweigenden Widerruf, *Ulp. frgm. XXIV. 29 § 12 I. de leg. (2. 20), l. 3 § 11 D. de adim. leg. (34. 4)*;

3. durch *translatio legati* d. i. Aufhebung eines Legats durch Errichtung eines neuen, welches an seine Stelle treten soll, *l. 6 pr. D. eod. (34. 4)*;

4. durch Wegfall des Onerirten, wenn das Testament ein *testamentum destitutum* wird, *l. 1 pr. § 13. D. si qu. om. (29. 4).*

§ 191.

II. *Universalvermächtniss.*

Ein Universalvermächtniss ist die einseitige letztwillige Disposition, durch welche der Erblasser seinem Erben die Auflage macht, die Erbschaft oder eine Quote derselben an einen Dritten herauszugeben.

I. Im vorjustinianischen Recht konnte das Universalvermächtniss in doppelter Form errichtet werden:

1. als *partitio legata* mit der Formel: *heres meus cum Titio hereditatem meam partito, dividito.* Hier, wo der Erbe die Erbschaft mit dem Legatar theilen soll, war der *legatarius* blos Singularsuccessor, auf den weder die Erbschaftsforderungen noch die Erbschaftsschulden übergehen. Zwischen dem Erben und dem Legatar entsteht nur eine Obligation, aus welcher jener diesem die dinglichen Erbschaftsrechte *pro parte* einzuräumen oder dem Werthe nach zu leisten, und die eingehenden Erbschaftsforderungen *pro rata* zu restituiren hat während der Legatar dem Erben die Zahlung der Erbschaftsschulden *pro rata* erstatten muss. Ueber diese ihre verhältnissmässige Theilnahme an den Erbschaftsforderungen und Erbschaftsschulden pflegten sie besondere gegenseitige *stipulationes partis et pro parte* zu schliessen, *Ulp. frgm. XXV. 15. l. 26 § 2 D. de leg.* (30);

2. als *fideicommissum hereditatis*, durch welches der Erblasser seinem Testaments- oder Intestaterben (*heres fiduciarius*) die Restitution der Erbschaft oder einer Quote derselben an einen Dritten (*fideicommissarius*) auferlegt.

a. Ursprünglich wurde auch aus diesem *fideicommissum* der Honorirte nur Singularsuccessor. Die Restitution des *fideicommissum* wurde in folgender Weise bewirkt: durch einen Scheinverkauf veräusserte der *heres fiduciarius* die Erbschaft an den *fideicommisarius;* dadurch entstand zwischen ihnen eine Obligation von demselben Inhalt wie bei der *partitio legata;* deshalb schlossen sie auch hier gegenseitige Stipulationen über ihre verhältnissmässige Theilnahme an den Erbschaftsforderungen und Erbschaftsschulden: *stipulationes quasi emtae et venditae hereditatis, Gaius II. 250—252.*

b. Später bestimmte das *S. C. Trebellianum* (unter *Nero 62 p. Chr.*): durch die Erklärung des *fiduciarius* an den *fideicommissarius*, dass er ihm die vermachte Erbschaft oder Erbschaftsquote restituire, soll dieser, soweit er die Erbschaft erhält, an Stelle des *fiduciarius* Erbe also Universalsuccessor werden und deshalb aus den Erbschaftsforderungen und Erbschaftsschulden mit *actiones utiles* klagen und verklagt werden können; damit fielen die gegenseitigen Stipulationen weg, *Gaius II. 253*;

c. das *S. C. Pegasianum (75 p. Chr.)*, welches die *lex Falcidia* von den *legata* auf die *fideicommissa* übertrug, gab dem *fiduciarius* das Recht auf den Abzug der *Quarta Falcidia* und bestimmte: *α.* wenn der Erblasser dem *heres fiduciarius* die Quart nicht freigelassen hat und dieser in Folge dessen die Erbschaft nach Abzug der Quart restituirt, so soll das *S. C. Trebellianum* keine Anwendung finden, sondern der *fideicommissarius* wie ein *legatarius partiarius* behandelt werden; *β.* wenn der *fiduciarius* sich weigert, die Erbschaft anzutreten, so kann ihn der *fideicommissarius* zum Antritt zwingen, und die Restitution hat in diesem Fall die Wirkungen des *S. C. Trebellianum, Gaius II 254—256. Ulp. frgm. XXV. 16.*

II. Im justinianischen Recht ist die *partitio legata* weggefallen und für das *fideicommissum* von Justinian bestimmt worden, dass die Restitution der Erbschaft an den *fideicommissarius* auch dann die Wirkungen des *S. C. Trebellianum* haben soll, wenn der *fiduciarius* die *Quarta Falcidia* abgezogen hat; die widersprechende Vorschrift des *S. C. Pegasianum* hat Justinian aufgehoben. Demgemäss ist der Universalvermächtnissnehmer stets ein *heres fideicommissarius,* dem zum Schutze seines indirecten Erbrechts (§ 154) die *hereditatis petitio fideicommissaria (§ 182)* zusteht. Die Rechtsgeschäfte, durch welche das Universalvermächtniss errichtet werden kann, sind dieselben wie für das Singularvermächtniss (§ 187); ebenso bestimmt sich die Zeit, mit welcher seine Vererblichkeit eintritt und seine Agnition möglich wird, nach denselben Grundsätzen wie beim Singularvermächtniss (§ 189).

§ 192.

III. Mortis causa capiones.

Mortis causa capio im eng. S. heisst jeder Erwerb, der für Jemand durch den Tod einer Person veranlasst ist, ausgenommen der Erwerb durch Erbfolge und Vermächtniss. Es fällt daher unter diesen Begriff namentlich die *mortis causa donatio* d. i. eine Schenkung, welche der Schenker unter der Bedingung macht, dass er den Beschenkten nicht überlebt. Ferner fällt unter diesen Begriff auch das *conditionis implendae causae datum* d. i. das, was Jemand an einen Andern leisten muss, um die *conditio* für seine Honorirung zu erfüllen: z. B. A soll Erbe sein unter der Bedingung, dass er an X 1000 leistet; ferner z. B. das Geld, welches der Erbe von einem Andern dafür erhält, dass er die Erbschaft repudiirt oder antritt, *l. 31. pr. § 2 D. de m. c. don. (39. 6).*

SECHSTES KAPITEL.

Dem Erbrecht analoge Rechte.

§ 193.

I. *Succession des Fiscus in die bona vacantia.*

Bona vacantia heissen Erbschaften, für die kein Erbe existirt. Sie werden *heredis loco* dem Fiscus deferirt. Diese Delation begründet für ihn ein dem Erbrecht analoges Recht, welches ihm die Wahl zwischen Antritt und Repudiation gibt. Durch den Antritt succedirt er *per universitatem* in den Nachlass und hat alle Klagen, die dem Erben zustehen, als *actiones utiles*, *Ulp. frgm. XXVIII. 7. l. 96 § 1. D. de leg. (30), l. 1 § 1 D. de iure fisci (49. 11).*

§ 194.

II. *Succession in die bona ereptoria.*

Was einem Erben oder Vermächtnissnehmer hinterlassen ist, kann ihm aus gewissen Gründen wegen Unwürdigkeit entrissen werden, gewöhnlich vom Fiscus, bisweilen auch von anderen Personen. Daher heissen die ihm hinterlassenen Güter *bona ereptoria*, und der zur Entreissung Berechtigte heisst der *ereptor*. Die Fälle, wo das römische Recht eine solche Ereption zulässt, nennt man heute die Indignitätsfälle, weil die Quellen hier den Erben oder Vermächtnissnehmer als *indignus* bezeichnen. Wo der *indignus* ein Erbe ist, hat der Ereptor ein dem Erbrecht analoges Recht; er succedirt in die *bona ereptoria* als Universalsuccessor an Stelle des Erben, und wo der *indignus* ein Vermächtnissnehmer ist, nimmt der Ereptor dessen Stelle ein. Eine Aufzählung der Indignitätsfälle findet sich in Puchta's Pandect. § 558 ff.

§ 195.

III. *Succession in das Vermögen lebender Personen.*

Es gibt nach römischem Recht Verbrechen, welche mit der Strafe der Vermögensconfiscation d. i. der Einziehung des Vermögens des Verbrechers durch den Fiscus bedroht sind. Diese Einziehung bewirkt für den Fiscus eine der Erbfolge analoge Universalsuccession, bei der sich aber seine Haftung für die Schulden auf den Betrag der eingezogenen Activa beschränkt, *D.* (*47. 10*), *C.* (*9 49*).

§ 196.

IV. Bonorum addictio libertatum servandarum causa.

Wenn ein Erblasser, der *testamento* Sclaven manumittirt hat, keinen Universalsuccessor für seine Erbschaft erhält, so muss über dieselbe an sich der Concurs eröffnet und dadurch die Manumission wirkungslos werden. Um dies zu verhindern, bestimmte *in favorem libertatis* eine Constitution von *Marc Aurel*: die manumittirten Sclaven oder auch ein beliebiger Dritter können die *addictio* des Nachlasses fordern, wenn sie Caution durch Bürgen stellen, dass sie die Erbschaftsgläubiger befriedigen werden, *pr. I. de eo, cui lib.* (*3. 11*), *l. 2. 3 D. de fid. lib.* (*40. 5*).

FSC
www.fsc.org
MIX
Papier | Fördert
gute Waldnutzung
FSC® C083411

Kolibri 360 GmbH
Ferdinand-Jühlke-Straße 7
99095 Erfurt, Deutschland
produktsicherheit@kolibri360.de